マルクス主義入門

第四巻

革命論入門

黒田寛一

KK書房

『マルクス主義入門』全五巻発刊にあたって

反スターリン主義運動の創始者であり〈変革の哲学〉の探求に生涯を捧げた哲学者である黒田寛一は、生前、多くの労働者・学生にたいしてマルクス主義の入門講演をおこなった。その貴重な記録を集成した『マルクス主義入門』全五巻をここに発刊する。

「人間は何であり、また何であるべきか」という若きマルクスの問いかけを同時におのれのものとして、マルクスの人間解放の思想を現代的に実現することを終生追求した黒田。彼は、既成の「マルクス主義」がニセのマルクス主義でありスターリン主義でしかないことを赤裸々にしながら、現代における人間疎外を真実に超克することをめざして学問的格闘と革命的実践に身を投じてきた。力強く情熱あふれる黒田の講演・講述は、半世紀の時を隔てた今日において、ますます重要で価値あるものとなっている。それは、戦乱と排外主義的ナショナリズム・貧困と格差の拡大におおわれた暗黒の時代というべき今を生きるすべての人々をかぎりなく鼓舞してやまない。黒田は、考える力と変革的実践への意志を育むべきことを熱く訴え、教えている。

本シリーズは、一九六二年秋に五回にわたって連続的に開催された「マルクス主義入門講座」を中軸にして編成している。

「戦後最大の政治闘争」と称され空前のもりあがりをしめしつつも敗北した六〇年安保闘争をつうじて、既成左翼の指導性の喪失が、とりわけ「日本共産党=前衛」神話の崩壊があらわとなった。このもとで黒田は、マルクス主義を学ぼうとする学生・労働者に「われわれの運動が新しいとは、どういう意味なのか」と問いかけ、「一九五六年のハンガリー革命を主体的にうけとめることによって勃興した日本における反スターリン主義運動がなければ六〇年の闘いはなかった」と訴えた。「社会主義」ハンガリーにおいて労働者が武装蜂起し、ソ連邦の軍隊が血の弾圧を加えた、この画歴史的事件に、黒田は全世界でただひとり、共産主義者としての生死をかけて対決し反スターリン主義運動を創始したのであった。この闘いこそが「現代革命思想の転回点」を画したのである。このような反スターリン主義運動とその理論の創造過程を追体験的に反省し主体化することをうながすこと、これが「入門講座」をおこなった黒田の問題意識である。この意味で、本シリーズは「革命的マルクス主義の入門」書といえる。

第一巻「哲学入門」において黒田は、マルクスの哲学ならぬ哲学、変革の哲学としてのその性格を明らかにするとともに、直面する現在的の諸問題と対決し自分自身がどのように生きるのかを学生・労働者に問いかけながら「いかにマルクス主義を学ぶのか」「ものの見方・考え方はいかにあるべきか」を追求している。第二巻「史的唯物論入門」、第三巻「経済学入門」、第四巻「革命論入門」、第五巻「反労働者的イデオロギー批判」。——これらをつうじて、黒田は、哲学、経済学、国家＝革命論、社会主義社会論などのすべての理論領域においてスターリン主義者がいかにマルクス主義を歪曲し破壊したのかを、またマルクスのマルクス主義をどのように現代的に展開してゆくべきなのかを鮮明にしている。そのための立脚点を、彼は〈革命的マルクス主義の立場〉と規定している。平易で豊かな表現と独特の語り口調をもまじえた講演・講述には、黒田の「主体性の哲学」がつらぬかれているのである。

労働者階級の真実の解放のためにたたかいつづけた革命家にして哲学者・哲学者にして革命家である黒田寛一の講演・講述は、二十一世紀現代に生き苦闘するすべての労働者・人民にとって、思想的な羅針盤となりバネとなるにちがいない。

二〇一八年五月

黒田寛一著作編集委員会

編集委員会註記

一　「革命論入門」は、一九六二年十一月二十三日に東京工業大学化学階段教室でおこなわれた第四回マルクス主義入門講座の講演である。この講演は、革共同内において革命的分派の結成を黒田が決断する直前になされた。黒田は冒頭で、キューバ問題をめぐる政治局内多数派の腐敗した対応を怒りをこめて弾劾し、六一年「米・ソ核実験反対」の革命的反戦闘争の教訓を再確認している。そのうえで、過去五か年にわたる現代革命理論追求の核心を、とりわけ戦略・戦術および組織戦術の三つの連関を理論的に追求してきた意義を鮮明にしている。

一　「一九〇五年革命段階におけるレーニンとトロツキー」は、一九六七年六月十八〜十九日になされた講述である。レーニンの『二つの戦術』と、トロツキー『結果と展望』の対馬忠行による解説とを組織的に検討し、それぞれの特徴と問題点が整理されている。この組織的論議を基礎に、ロシア革命五〇周年革共同政治集会（十一月十七日）がかちとられた。

一　「全学連新入生歓迎集会メッセージ」は、一九七〇年四月二十三日に開催された集会の前日に収録された。六七―七〇年安保＝沖縄闘争を総括し、若き仲間に反スターリン主義運動への結集を力強く呼びかけている。

一　講演の文章化にあたっては、黒田の用字・用語法に従った。明らかな言い間違いは訂正した。

一　見出しは編集委員会がつけた。

一　編集委員会による補足は〔　〕で記し、同じく註は＊で記した。

革命論入門／目次

装丁　多田　進

革命論入門

では、始めます。

きょうは一応、革命理論入門ということでやりたいと思う。この革命理論入門ということで、初期に、はじめに考えていたこととはやや違うことをやることにした。もっと現実問題に密着したかたちでやっていきたいと思う。

まず第一には、われわれが今たたかっている反戦闘争についてもう一丁、理論的に深くつかみとっておく必要があるんじゃないかということ。だから、現段階における反戦闘争とは何か、去年［一九六一年］われわれがやった問題を再び理論的に反省し、咀嚼《そしゃく》しなおし、そして現在僕たちはどう今後たたかっていったらいいのかという問題について、まず第一点におこなう。

第二番目には、われわれのこういう反戦闘争にたいしてさまざまな非難、誹謗、揶揄《やゆ》、そういうものが投げかけられているわけであるけれども、こういうのが一体どこからきているのか。いいかえるならば、現代革命論というものがいかに混乱しているかというものを、他党派の理論への批判を通してわれわれの立場をうちだしていきたいというのが第二点であり、そして第三番目には、われわれの現代革命の論理というものはどのようにしてうちだされ、かつわれわれはどのような展望のもとにたたかっているのか、ということをやっていきたい。で、その場合に、やはりわれわれは他からは「トロツキスト」と言われているんで、トロツキーの最も基本的な文献とされているところの『過渡的綱領』について、若干、読む場合の注意というのを最後におこなっていきたいと思う。

I　現段階における反戦闘争の論理とは何か

まず第一に、現段階における反戦闘争の論理とは一体何なのか、ということをもう一度われわれが反省しなおさなければならないという事態に陥ったのは、ほかならぬこの現在起こっているキューバ問題をめぐる諸論争、これは同時に、われわれの反戦闘争にかんするつかみ方がなお浅いということを自己暴露した以外の何ものでもありえない。こういう意味において、われわれはもう一度、去年の反戦闘争における左翼的あるいは右翼的偏向といわれていたものが何からでてきたのか、その思想的・理論的根拠ならびに組織論的根拠は一体どこにあったのかということについて、再びやっていきたいと思う。

「米・ソ核実験反対」の反戦闘争の教訓

まず第一に、「米・ソ核実験反対」というスローガンをいち早く掲げたたかったのは、ほかならぬわれわれ以外にはありえなかった。そして、その運動の先頭にたったのはほかならぬ全学連の学生諸君であった。これは決定的な歴史的事実であり、われわれはこの事実を決して消し去ることはできない。だが、その闘いの過程において、左翼的な偏向、これをおかしたということも事実であるし、そしてその左翼的偏向が十分に批判・克服されなかったということもまた残念ながら事実なのである。しかも、それに重ね合わさったかたちで、「人類史的危機」を叫ぶことによって運動をでかくしようとする、そういう、それ自体としては意図としてはいいんだけども、それがひん曲がったかたちで、つまり、われわれの運動をおし拡めていくんだという立場を、欠如とまでは言わないけれども、弱くした立場での闘いがおこなわれた。

そういう問題は、たんに戦術が間違ったとか、技術的な指導、運動の技術的な指導が間違ったというような簡単な問題ではない。われわれの現在の闘いをどう具体化していくのか、反戦闘争をどう具体化していくのか、という問題における思想問題としてわれわれはとらえかえさなければならない。

たとえば吉本隆明は、去年われわれが、そして全学連の諸君が反戦闘争の、「米・ソ核実験反対」の反戦闘争のスローガンを掲げてたたかったことをみて何と言ったのか。「ああ、もう駄目になった」と。余計なお世話だと思うけど。（笑）いままでは「反帝・反スタ」の闘いをやっていたのが、今度は小ブルジョア平和主義に陥った、こういうふうに理解しているわけだな。そういう理解そのものというのは、それ自体ナンセンスなわけなんだけども、ナンセンスだということを彼らに分からせることができない僕ら自身もまた欠陥があるわけだ。しかし、吉本隆明に僕たちは分かってもらおうとは決して思わない。ただ、吉本隆明のようなイデオロギーにいかれている人がいるわけだ。

きのう、驚いたんだけど、『擬制の終焉』〔一九六二年刊〕というあのチャチな本が、いま現代思潮社では一番よく売れてる本なんだそうだよ。この現実を僕は見せつけられて、実は売れないと思ったんだな、ところがあれが売れてるそうだ。それに『トロツキー選集』の売れ行きが追っつけないというこの現実は、やはり僕たちの運動がな、なおかつ、ああいう小ブルジョア急進主義者にいかれている人をまでもだな、われわれの側に獲得しきれていないということの事実の、本の販売面における一つの現象形態として僕はとらえてきたわけだ。（笑）

で、こういう反戦闘争にかんする問題にかんして、去年みんながいろいろ論争したことをもう一度ふりかえってみよう。

簡単にいってしまうならば、「兵士の獲得が問題だ」、あるいは、何かのデモか、デモか何かをやったときの大衆の前で小野田〔襄二〕書記長がだな、「徴兵制を拒否するのはナンセンス」というかたちでやったそうだ。こういう思考法、これは今日なお完全に自己批判されてはいないんだな。こういうのはどっからでてきたか。簡単にいってしまうならば、去年乱れとんだ言葉、つまり「革命なしには平和はありえない」。これは事実だよ、な。「革命なしには平和はありえない」、これは事実なんだ。しかし、今われわれが革命をただちにやりえない、そこから戦争の危機がある。それはホットだろうがコールドだろうがかまいやしない。とにかく、核戦争の危機という問題は一九四五年から続いているわけだよ。そういう危機を打開するためにどうしたらいいのか、ということがわれわれの運動の中心問題でなければならない。

そしてスターリニストは、これまで平和擁護運動、「現在の平和を守るために」というかたちで運動をやってきた。ところが、その平和擁護運動というやつは、ソ連の「死の灰」については絶対反対しない。それは、一九五三、四年の頃で、まだわれわれの運動はなかった時なんだけども、そして僕自身はそれで頭にきちゃって、『現代における平和と革命』*の第一章を書いてた時なんだけども、頭がパーになっちゃって書けなくなったってな体験があるわけなんだが。ところが、一定の、反スタ運動が前進したまさにその段階、去年の段階において核実験がおこなわれた。これにたいしては、従来はイデオロギー闘争をもってスターリニスト官僚のやり方を暴露してきたのだが、しかし去年の段階においては大衆行動をもって暴露したわけだ。その場合に、一つの中心問題は、従来の原水禁運動あるいは平和擁護運動から決裂して本当のたたかうことのできる反戦闘争をつくりだすんだ、というかたちでわれわれは提起したわけだ。

＊「原水爆問題と私」『黒田寛一初期セレクション　上』（こぶし書房）四〇～四二頁を参照。

ところが、それがひん曲がった具合になって、「革命なしには平和はありえない」という原則、これは事実なんだな、あるいは「帝国主義戦争を内乱へ」というこのレーニン的な原則、それを、第一次世界大戦のなかで提起したレーニンのスローガンを無媒介的に、つまり現代世界の情勢［にあてはめる］。その情勢という場合に、そういう現実を変革していくプロレタリアート・勤労大衆の闘い、そういうものを無視した客観主義的な情勢をわれわれは言っているわけじゃないけれども、そういうブルジョアジーあるいはブルジョア国家権力と対決したたかいつつある労働者の闘い、こういうものにふんまえてわれわれは物事を判断しなければならないわけだ。原則はじめにありき、というかたちのはドグマチズム、教条主義（この教条主義ってことはこのまえ説明したからきょうはやらないとして）、ドグマチズム、教条主義という立場が根底にあったわけだ。

そうじゃないんだ。問題は、現実の腐敗しきった状況、社共両党は絶対的に「反対する」という立場をとらない。ただ共産党はもちろん、代々木はもちろんソ連の核実験を支持したわけだが、社会党でさえも去年の段階においては「あれはまずい」とフルシチョフに抗議声明をやる、出すということぐらいにとどまっていたし、そして代々木のとりまきであった自称進歩的文化人諸君は黙りこくってしまったわけだ。それは、一九五六年のかのスターリン批判およびハンガリア革命の時とまったく同様の事態を現出させたわけだ。こういうなかにあって、全学連は「米・ソ核実験反対」というスローガンを前面に押しだしてやった。

ところが、そのスローガンの内的理解のしかたにおいて、原則を直接もちだす、そういう原則主義という思考法が根底にあったわけだ。原則がなければ、われわれはつねにふにゃふにゃになってしまう。しかし、原則だけをがちゃがちゃもちだすのは間違いである。原則を適用すべき現実的な諸条件、原則を適用すべき具体的な諸条件――このなかには主体的および客体的諸条件の全体を含むわけだな――、そういう諸条件を具体的に分析することなしに原則を押しつけるやり方を原則主義という。そしてこの原則主義という思考法、これはドグマチズムといってもいいけども、そういう立場で戦略問題がとりあつかわれる場合に「最大限綱領主義的誤謬におちこむ」と僕らは言うわけだ。

最大限綱領主義の誤謬

この「最大限綱領主義」という言葉について、ここで簡単にふれておきたい。最大限綱領とか最小限綱領というのは、今日あまり使われない。最大限綱領というふうなのが使われたのは、一八〇〇年代の終りから一九〇〇年代の初めにかけての、第二インターナショナルのできあった時と崩壊のその前後にさかんに使われた言葉なんだが。プロレタリアートの究極目的、こういうプロレタリアの究極目的、つまりプロレタリアの自己解放を実現するためのプロレタリア革命、世界革命、こういう、この究極目的をしめすのを綱領、と。そしてそれはプロレタリアの最も革命的・先進的な部分だけが理解しうるという意味において最大限綱領というようなものが使われるわけだな、言葉が使われるわけだ。

これにたいして、そういう革命的プロレタリアートの立場へ即自的な労働者を高めていくための直接的なスローガン、改良的な要求、改良主義でなくな、現実を改良していくための要求、そういうのをいいかえるならば直接労働者がうけとめることができるようなスローガン、たとえば「賃上げ」「合理化反対」。そういうようなブルジョア的な奴隷制の改善の要求と言ったらいいかな、それを自己目的化したら改良主義に転落するわけだが、そういう改良的な要求、こういう誰でも、どのような労働者でもうけとってくれるような低い水準のスローガン、これを最小限綱領というわけだ。

ところで、第二インターナショナルは、この直接的にうけとってくれるところのスローガンとプロレタリアの革命的前衛がめざすべき究極目的、最大限綱領というふうにいうところのこの二つを、最小限綱領と究極目的という最大限綱領だな、この二つを切り離し万里の長城を築いてしまったわけだ。築いてしまうということはどういうことかというと、最小限綱領を自己目的化する、改良的な要求を貫徹することのみが目的とされる。つまり、改良主義への転落の道がひらかれたわけだ。その当時には、僕らがいま使っている最大限綱領主義というものはなくて、むしろ最小限綱領主義というふうな第二インターナショナルの堕落にたいする闘争をレーニンはやったわけだな。で、最大限綱領主義というのはそういう第二インターナショナルの裏返しであり、レーニンが第二インターナショナルの腐敗をつきやぶりつつ提起したスローガン、このスローガンを結果的に理解しそれを現実に押しつける、これが最大限綱領主義である。

これに加えて、トロツキーは「過渡的綱領」という言葉をつくりあげたわけだ。これはどういうことかというと、トロツキーの第四インターナショナルの世界大会のテーゼとして提起されたあの「過渡的綱領」、「資本主義の死の苦悶と第四インターナショナルの任務」というやつが「過渡的綱領」というふうに呼ばれているわけだな、一般に。この開巻第一頁に過渡的綱領の説明があるわけだ。最小限綱領と最大限綱領とを万里の長城で切り離したり、どっちか一方を提起するんじゃナンセンスだ。具体的な諸要求にのっかりながら、たえず大衆を最大限綱領、プロレタリアの究極目的にむかってたえず高めていく、思想闘争をつうじておよび大衆闘争をつうじて、階級闘争をつうじて高めていく、そういう過渡的な要求としてトロツキーは過渡的綱領というふうに提起した。トロツキーの『過渡的綱領』という本それ自体の評価は後でやるとして、とにかく、この過渡的な思考法というものは、やはり僕たちはトロツキーから学ばなければならないと僕は考える。

　実際にわれわれが運動していく場合に、たとえば「米・ソ核実験反対」というのは、現段階における過渡的な要求だといって一向さしつかえない。なぜならば、このスローガンは〈反帝・反スターリニズム〉というわれわれの究極的な目的、現代のプロレタリアートの最大限綱領といってもいいが、最大限綱領というとピーンとこないから現代の革命的プロレタリアの究極的目的、世界革命戦略、そういうものを現段階、帝国主義とスターリニスト陣営とが平和共存しているると同時に逆に武力威嚇をおこなっている、表側ではニコニコ、裏側では武力、武器を磨く、こういう現状において適用し、そして大衆をわれわれの戦線の側に引きつけていく、そういう過渡的なスローガンとして、この「米・ソ核実験反対」という戦術スローガンが提起されているわけなんだ。

そういうふうにわれわれは提起したわけなんだが、そしてそのためには、∧反帝・反スターリニズム∨の戦略を実現していくためには、同時にそういう戦略を実現しようとする担い手、そういう、代々木や社会民主主義から完全に理論的にも政治的にもそして組織的にも訣別した新しい革命的プロレタリアの組織を、革命的前衛党をつくりだすという闘いの一環としてなされているわけだ。だから、たんに「米・ソ核実験反対」というのは戦術的な問題ではない。同時にそれは、われわれの革命的な組織、反スターリニズム運動の組織をつくりあげていく闘いの一環として位置づけられていなければならないわけだ。その意味で、「米・ソ核実験反対」というスローガンは単なる戦術スローガンというふうに一面化してしまってはならない、同時に組織づくりの問題として統一的にとらえられなければならないわけだ。

＊

だから、去年の反戦闘争における「偏向を」「極左空論主義」というふうに批判することそれ自体が、空論主義いがいの何ものでもない。なぜそういう空論主義がでてきたのか、その思想的根拠は何なのか、その組織的根拠は何なのか、こういう問題をわれわれは掘りさげなければならないわけだ。もしもそのようにやらないならば、全学連二十八中委〔一九六一年九月〕において提起されたあの「兵士の獲得」論、あるいは「反帝・反スタの反戦闘争を」というようなスローガン、これからの決定的な訣別のための闘いとはなりえないわけなんだ。こういう闘いを全学連の諸君、マル学同〔マルクス主義学生同盟〕の諸君は一応おこなったわけなんだ。ところが、全体としてはその闘いは十分におこなわれたというふうには僕は考えない。

＊　武井健人＝本多延嘉が執筆した革共同全国委第三回拡大全国委員総会議案（一九六二年九月）。『共産主義者』第七号、一四頁を参照。

統一行動・統一戦線の追求

ところで、こういうスローガンを過渡的に提起する、戦略的課題を実現するために戦術を提起する。そして、その戦術を適用し実現していく過程においてわれわれの組織づくりをやっていく、という観点をもう一歩深くいうならば、「米・ソ核実験反対」というようなスローガンを提起することによって、反スターリニストではないけれども、「おりゃ、やだ」、「やっぱり核実験は何だろうが悪いんだ」というヒューマニストの立場から反対する人々も、当然この運動の中に入ってくるわけだ。

ところが、こういうのは去年の初期の段階においては、八、九月においては、セクト主義的に拒否した。たとえば、バートランド・ラッセルというのはあれはもうパーに決まってんだよ。パーに決まってるけどね、「パーだ」と言っちゃったらもう元も子もなくなっちゃうわけだ。彼は一応、身を賭してたたかっているわけだ。彼は「世界政府をつくろう」という、こういうわれわれとはまったく異なるヒューマニストの、モラリストの立場でやってるにすぎない。しかし、「米・ソ核実験反対」に彼らは、八十歳の年をおかしてもだな、坐りこみをやっている。この闘いにたいして、われわれは当然連帯の挨拶を送るし、そして統一行動をやらなきゃならないわけだ。

このことを裏から言うならば、われわれは、われわれの独自な反スタの組織をつくりだすということは、同時にそのまわりにアンコをつけていくということだ。統一戦線をつくりあげていくんだ。しかし、それは簡単にはできない。だから、さしあたりまず、「米・ソ核実験反対」という当面の闘争目標に賛成する者ならみんな来い、というかたちでこの運動に参加させる。そしてこの運動の中でもむ、イデオロギー闘争をやる。お前はヒューマニズムの立場からたたかっているけれども、そういうヒューマニストの立場で果たしてこの現代世界の危機を打開しうるかどうか、そういうかたちで問題を提起するんだな。そうすると、やはり「できる」と、こういうふうに最後まで居直る人もいるよ。しかし、それはやはりね、われわれの味方として放してはならない。彼はいずれはまた運動を積み重ねていくうちに、われわれの側に獲得せられるべき対象となっていくだろう。

そして、今日のマル学同に、あるいはマル青同〔マルクス主義青年労働者同盟〕に結集している諸君の中に、かつては、このー、何て言うんだあれは、キリスト教の学校を、ミッションスクールとな、ああいうところに行っていた人が多いんだよな。大体そういうような、何と言うか、ヒューマニスト的な気持、坐禅を組んでいた人もいるわけだ。そういう人たちがだな、マルクス主義者へと脱皮するその苦闘を自分自身が経験してきたはずだ、それぞれの人が。だから、現段階においてはマルクス主義者となったというその高みからな、そういうヒューマニストにたいして弾劾するだけではならない。彼らをわれわれの側に獲得することをやらなきゃならない。しかし、それは無媒介的にはおこなわれない。現実的に起こっているいろいろな具体的な問題、それをきっかけとして展開される統一行動へまきこみ、そしてその行動をつうじて体得したもの、それを基礎としながら、彼をわれわれの側にぱくっていくという闘いをやらなければならないわけだ。

だから、統一行動というのはベッタリ主義とかいうことではないし、ニコニコ主義というわけでもない。そういう、一緒に当面の闘争目標を実現するというこの一点で団結するわけだよ。しかし、その戦線の内部においては、あるいは統一行動の内部においては、相互の理論闘争は激烈におこなっていかなけりゃならない。しかし、激烈にといってもだな、それは上からやはりおっぺすというかたちはまったく駄目だ。最大限綱領主義的な発想法でもって、あるいは原則主義の立場からイデオロギー闘争をやってはならない。

われわれはオルグ対象の立場におりて、いいかえるならば、学生大衆一般の立場にマル学同の立場を一段おとして、イデオロギー闘争をつうじて自分自身のマル学同としての立場に高めていくと同時に対象の意識をもマル学同的に変革していく、そういうイデオロギー闘争をやらなければいけないわけだ。マル学同員としての立場から上からアジテーションをやるんでなく、やはり一般大衆の問題意識におりて、彼らの問題意識におりたって、そこから彼らを自分自身の立場に、マル学同の立場に、あるいはマル青同の立場に、米・ソ核実験に断固として反対しうるマルクス主義者の立場に高めていくためのアジテーション、イデオロギー闘争はおこなわれなければならないわけなんだ。

こういう思考法というのは、われわれの理論の前提となっている哲学の理論と間接に、というか、まあ直接だな、関係しているわけであって、このことはすでに一回目のときに話したから別に詳しくやろうとは思わないけれども。このことは、たとえばわれわれが反スタ運動をはじめた初期の段階において一つの打撃対象としたところの反戦学生同盟、通称ＡＧ《アージェー》だな、そういう反戦学生同盟の思考法というのは、代々木の平和主義、平和共存戦略にもとづく平和擁護運動にたいして、世界革命の観点にたつ平和擁護運動というかたちで対置したわけだ。単純な対置のしかたをやった。

それ以後、これが一九五七年の段階の反戦学同だが、五八年の五月二十五日に反戦学同が社学同〔社会主義学生同盟〕に転化して以後は、「代々木の平和主義ナンセンス、階級的観点」「代々木の平和共存ナンセンス、世界革命」、こういうかたちでな、直接的に対置〔する〕。なんらの、übergehen《ユーバーゲーエン》だから、過渡期、移行というものを、「橋渡し」だ（それがいいや）、向こうからな、代々木的な思想からこちらに橋渡しするかたちでのスローガンを提起しない。「お前のは平和主義だ、お前のは階級的観点がない」というかたちで直接的にやったのが、全学連第十一回大会路線というわけだな。そういう単純対置のしかたというのは、わが同盟の内部にも依然として残っているってことは悲しむべき現状である。このことは、今度のキューバ問題においてはっきりあらわれた。

キューバ問題にかんして言うならば、やはり僕たちは去年の四月の段階におけるわれわれのキューバ問題への対処のしかた、つまりアメリカ帝国主義者が、反革命軍と称するところのものをだな、上陸させたというような事態が起こったわけだけども、それにたいして全学連なんかは「ああいうキューバ問題に介入するのは小ブルジョア急進主義である、俺たちはＩＬＯ〔ＩＬＯ関係法改悪反対〕だ」というかたちで潰してきたということを、もう一度僕たちはな、反省し思い起こしてみる必要がある。この「キューバ問題にかかわることは小ブルジョア急進主義である」とか、「新島問題〔ミサイル試射場設置反対闘争〕をやるのは小ブル急進主義である」とか、あるいは「基地反対闘争をやるのは民族主義である」というふうにレッテルを貼ったこの立場というものとの決裂が十分なされていない、このこととも関係があると思うんだ。だから、今度のキューバ問題にかんしても、やはり僕たちはそういう過去におかしてきた誤謬との関連において提起していかなければならないわけだ。

で、今、「兵士の獲得」という問題は、『学生戦線』創刊号〔一九六一年十月〕に載っかっている諸論文への批判をやったわけだけども、しかし、そのことはわれわれの責任でもある。わが同盟の第一回全国大会〔一九六一年八月〕における、去年におこなわれた全国大会の第四議案*というものは、まさしく最大限綱領主義という誤謬をおかしているわけだ。そういう最大限綱領主義との闘争というものを十分になしえない、そういうところから、いわゆる横すべりから、いわゆる「プロレタリアートによる学生の獲得」というあの路線も横すべり的にでてきているわけで、このことは僕ら自身としても、自分自身の傷として切開していこうと思っている。だから、僕は何も全学連の「兵士の獲得」というのを非難するだけでなく、やはり、僕たち自身が間違ったということ、いやそれを実践的に克服してきたんだけども、思想的には克服してきていない。この現実が今度のキューバ問題において暴露したということ、これをきっかけとして僕らは思想闘争をさらに強力に展開していきたいと思う。

＊　北川登執筆の「非プロレタリア大衆の獲得のために」をさす。『日本の反スターリン主義運動 1』（こぶし書房）四〇〇頁を参照。

北川論文――同盟内部におけるＡＧ路線

たとえば、『前進』の一〇九号にでているところの北川論文＊というものは、わが同盟の最も醜悪なるかたちを露呈させたものといって僕は過言でないと思う。

＊　北川登「キューバ問題の現段階について」『前進』一九六二年十一月十二日付

一番最初の叙述のしかた、持ってる人は開いてみたらいいと思うけども、一番最初の方のところの分析のしかたというのを、こういうのを情勢分析主義という。なぜならば、俺たちがどうするのかという、われわれの運動をちゃんとつかまえることなく、ただたんにアメリカがどうしたの、フルシチョフがどうしたの、というような客観的な解説をおこなっている。最初の何番かよく分かんないけども、上段の、上から三段目ぐらいではＮＨＫの時事解説と選ぶところがない。こういうことをな、僕たちは痛苦の念をもって見直さなければならない。

しかも、第四段目の右の方、それから第五段目の一番右の方、このところに書かれているのは一体何なのか。「キューバのあの問題が起こった段階においては大衆闘争を組織すべき段階であったけれども、現段階においては思想宣伝の段階にはいった」、こういうことを言うことができるだろうか。われわれの運動はつねに思想闘争であり、大衆闘争である。それが流動化するかしないかはその時と場合によるわけだけども、こういうふうに「前の段階では大衆闘争をやる段階、今日の段階では思想闘争をやる段階」というふうに分けるのを、これをレーニン主義という。これは悪い意味なんだな。レーニンという言葉を使っちゃ悪いけど、ゾウリムシというんだよ、これを。

『革命的マルクス主義とは何か?』の三〇頁〔改装版八七頁〕かなんかを開いてみれば分かるだろうと思うけども、一番上の図だ。〔左頁の図参照〕三〇頁の一番上の図にレーニンの考え方

第１図　経験主義と公式主義

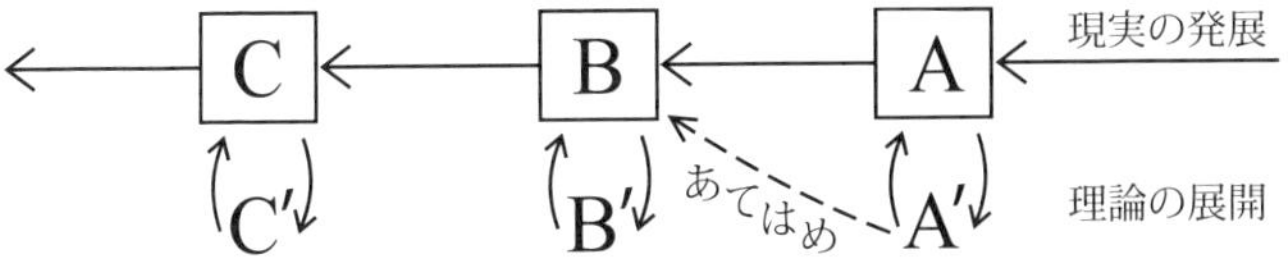

第２図　本質論的認識の構造

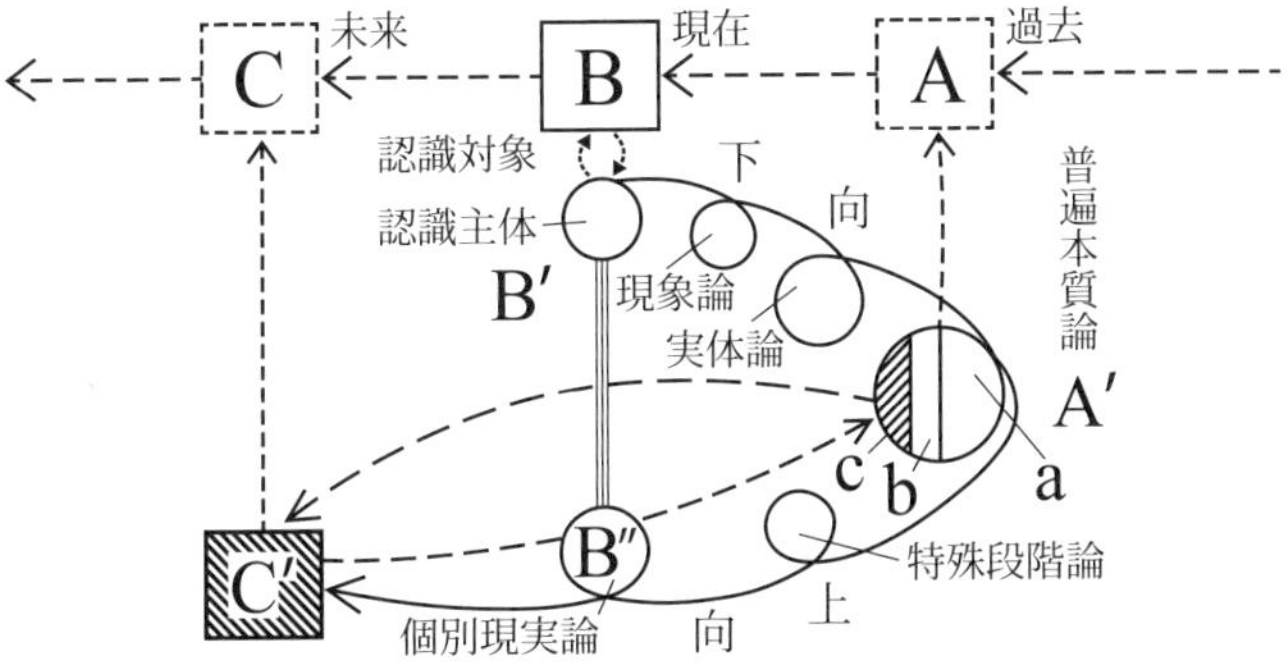

第３図　本質論の適用の論理

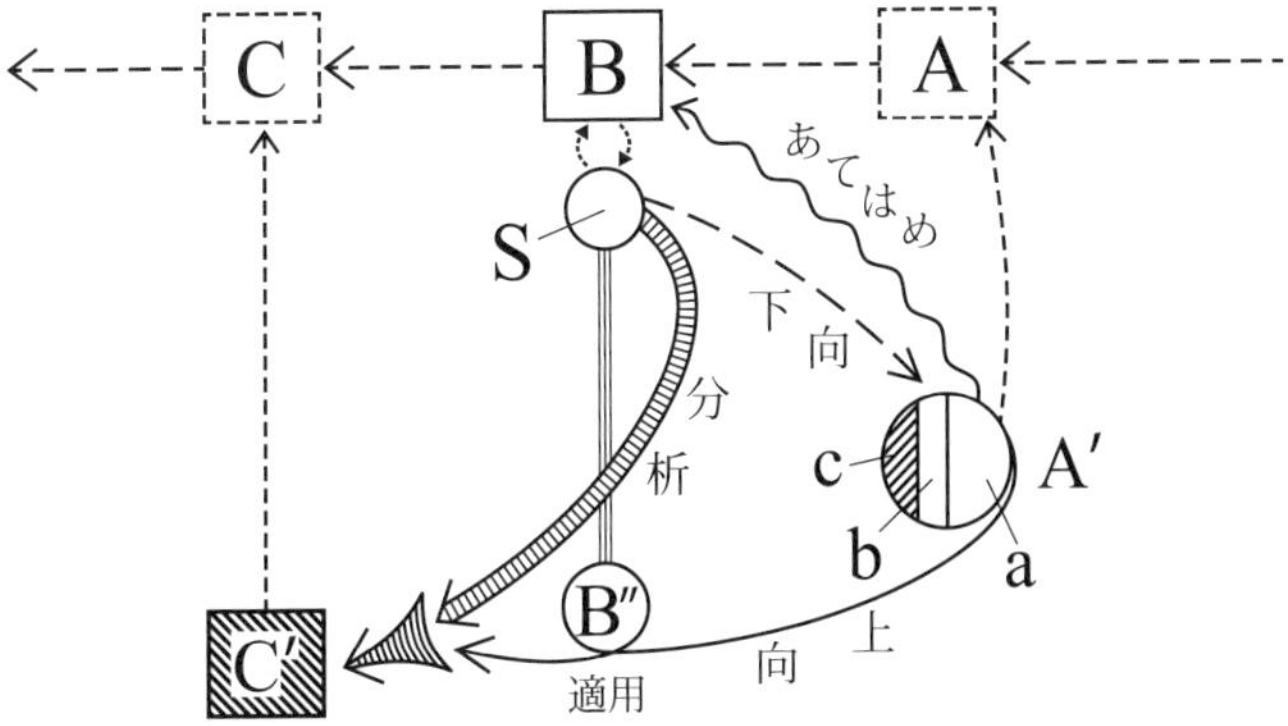

（『革命的マルクス主義とは何か？』87頁）

がある。一九〇五年にはこういう戦術、一九一七年にはこう、一八年にはこう。或る一定の事態にたいして豹変する、と言ったら悪いけども、或る一定の事態にたいして対処するということは絶対必要だ。しかし、きのうの段階ときょうの段階との対処のしかたの根底につらぬかれるものがなければならないわけだ。団子というものはちゃんと竹の棒にくっついているだろう。あの竹の棒がなければな、われわれの運動は前進しえないということだ。

団子はこの頃四つくっついているんだか三つくっついているとかいろいろあるけどな、十円で。ところが昔は五つくっついていたんだよ。（笑）この五つくっついていたやつがただあったけじゃ、団子と呼ばないんだよ。きび団子というようなかたちになっちゃうわけだな。ところが、それに貫徹させる、棒をつっこむわけだ。そうすると筋金がとおるわけだ。この、あの竹の棒というものがだな、われわれの反スターリニズム運動だということをな、はっきりつかんでおかなけりゃいけない。団子というのはその時々の大衆闘争の高揚をしめすわけだよ。或る一定の、大きいのちっちゃいの、大きいのちっちゃいのと、こういうのは大衆闘争の高揚であり、その竹の棒というやつは反スターリニズム運動を一貫してつらぬいていくという、そういう基本的な立場をいうのである。

五段目の左の方から大雑把にいって七行目ぐらいかな、ここのやつにぬけてるのは何か。キユーバに、アメリカに、われわれと同じような反スターリニズム運動をいかにつくりだしていくのか、そういう組織戦術を貫徹するという立場がまったくぬけおちているということだ。たんに「アメリカ・プロレタリアートとキューバ・プロレタリアートの団結」というふうに叫んだとしても、これは単なる願望に終ってしまう。カストロがフルシチョフといちゃいちゃし、かつカストロが中共的な立場にある、こういうカストロの誤謬、彼の反労働者的な本質を暴露することなしには、あの「革命キューバ」というものを美化することになってしまう。

　われわれはトロツキーの立場にたって、キューバに連続革命を、永久革命を、あるいは永続革命を貫徹するという立場を貫徹させなければならない。そういうことをやること、ああいうキューバ問題というのをきっかけとしながら、まさにそういう絶好のきっかけとしながら、あの中にわれわれは反スターリニズム運動をつくりだしていくという立場を貫徹させていかなきゃならないわけだ。だから、「百人委員会にたいする批判がなかった」とか、「SPU［学生平和同盟］にたいする批判がなかった」*というようなのはまったくナンセンスであり、俺たちはそもそも反スターリニズム運動とは何なのかということを分かっていなかった、というふうにやはり自覚すべきであると僕は考える。

＊　前進編集局「一〇七号巻頭のキューバ記事にかんする自己批判」『前進』第一〇八号

しかも、一番最後の段のちょうど真ん中あたりに書かれていることは何か。「二人のギャング」だったか何だか忘れたけど、「ギャング」という言葉を使っている。「前門の虎、後門の狼」、まあ、何だかいいや。こう、えらく田舎的な美文が使われているけれども（笑）、このことは何を意味するかというならば、これはわれわれの立場ではない、というふうにはっきり僕は言いきりたい。「二人のギャング」というふうに同列に並べることは、われわれは断固として拒否する。この裏側にあるものはだな、ソ連を赤色帝国主義というふうにみなし、アメリカ帝国主義と同列におく以外の何ものでもないし、われわれが何のために〈反帝・反スターリニズム〉というスローガンを、現段階における世界革命戦略として提起しているのか分からないわけだ。だから、この論文全体はパーである。

しかし、同時にもうひとつ言っておこう。これは何度も僕は『前進』編集部に言ったんだけども、去年から今日のあいだにかけて、わが機関紙に「スターリニスト帝国」という言葉が、カギ括弧なしに四、五度使われているわけだ。「スターリニスト帝国」というのを英語に直せばempire《エンパイア》だ。大日本帝国憲法のあの帝国であり、エンパイアだ。エンパイアとは何か、インペリアリズムだろう。「スターリニスト帝国」というふうに規定するのは、マックス・シャハトマン以外の何ものでもありえないわけだ。そういうふうな、語句的な問題だけども、それを注意したにもかかわらず今なおそういう言葉が使われているし、数号前の、ハンガリア革命の問題にかんする論文*のなかにも、再び「スターリニスト帝国」、「一枚岩の帝国」という言葉が使われている。これはたんに、カテゴリー、語句の使い方の問題ではなく、やはり思想問題であると僕は考える。だから「二人のギャング」というふうに、ギャング的なことは分かっているんだけども、こういう「二人のギャング」というふうにおくということは、〈反帝・反スターリニズム〉というわれわれの戦略をなんら理解していない、というふうに言っていいと思う。

＊　武井健人「ロシア革命四十五周年・ハンガリア革命六周年に際して（上）」『前進』第一〇六号（一九六二年十月二十二日付）

結論的にいうならば、この北川論文はわが同盟の内部におけるAG路線いがいの何ものでもない。このAG路線を粉砕すること、これを諸君自身は去年からたたかってきたわけだ。だから当然にも、マル学同の諸君はこの論文にたいして徹底的な批判をもっているであろうし、すでに早稲田の細胞委員会かなんかで出されている*わけなんだけども、どこがおかしいかということを、自分自身が主体化している〈反帝・反スターリニズム〉の理論、それを軸としながらこの短い論文のどこが間違っているかということをつきだす。そういう思想闘争をやることは自分自身が前進していくことになる。そういう構えでもって、やはり『前進』に三号連続的に〔第一〇七〜一〇九号〕載っかっているこの論文のごまかし、それがなんらわれわれの立場を表現していないんだ**、というかたちにまで磨きあげていくことが絶対に必要だと思う。このために、われわれは過去一年間の闘いをやってきたんだし、そしてこの過去一年間の闘いの経験にふまえ、さらにこれからさまざまのかたちで起こってくるであろうところの、両体制のあいだの軍事的な衝突とかさまざまな問題にたいする対処のしかたを、われわれははっきりここでつかみとらなければならない。

＊　早稲田大学細胞「キューバ問題に関する前進編集局への意見書」、同細胞委員会「北川論文への我々の見解」。『共産主義者』第七号に掲載。

＊＊　『日本の反スターリン主義運動　1』二九三〜二九八頁の「キューバ問題をめぐる思想闘争について」を参照。

その意味においてはさまざまな問題がある。さっきあげたような『学生戦線』の創刊号ならびに『闘う全学連』第四集〔一九六二年二月〕の総括のでたらめなこと、そういうものにたいしてやはりけじめをつけておく必要がある。どこが悪いのか。「前進のために、自己批判」なんていう言葉を僕は使わない。そういうことじゃないんだよ。自分自身の思想形成にとって絶対必要であるから、そういうものを検討する必要があるわけだ。「俺は間違っていました」というふうに言うことを僕たちは要求しないわけだ。

そうじゃなく、俺たちは俺たちなしにはつくれないんだ、と。俺は、自分自身は、みんなと一緒にマル学同の組織の中で、あるいはマル青同の組織の中でつくっていく、そういう立場でやるために、そういう過去の自分の醜悪なる姿を切開していかなきゃならないし、僕自身も、こういう第一回大会の第四テーゼというような、ああいう最大限綱領主義的なものにたいしてまずいとは思っていたけれども、それがこういうかたちで花開くというふうには予想していなかったわけだ。だから、こういう情勢分析主義とその裏側にある大衆運動主義、つまり反スターリニズムの組織をいかにつくりあげていくか、そういう立場の欠如した論文を執筆する、これはたんに技術的な問題じゃなく思想問題として追求し明らかにしていかなければならないと、われわれは考えるわけだ。

だから、キューバ問題というのは「方針のだし方がちょっと間違ったからむさい」と、「これは新しい論文を書いて訂正すればいいんだ」というふうに問題をずらかしていくならば、今度でてきたとまったく同様の問題が、再びくりかえされるであろうということを僕は断言していいと思う。こういう誤謬をくりかえすことなく、本当にわれわれの歩みが同時に前進となるようなかたちにしていくためには、反戦闘争にかんする思想的な総括、組織論的な分析、そういうものをやっていかなければならないと考える。

まあ大体、反戦闘争にかんするものというのはそういうぐらいにやめておいて、現代革命の理論が今日どのように混乱しているかという問題に入っていきたいと思う。

Ⅱ　現代革命理論の混乱

われわれの理論は今も言ったように戦略、戦術および組織戦術というかたちに展開されているわけだけども、われわれの過去五年間にわたる闘いのなかで、革命理論において成果をあげたと、もし言うことができるとするならば、それはただ一つしかありえない。それは戦略・戦術・組織戦術ということの三つの連関をはっきりと自覚し、それをわれわれの闘争戦術のなかにぶちこんできたという、この一つだというふうに言ってもいいと思うんだ。

具体的にいうならば、レーニンの場合を考えてみよう。レーニンの場合の組織論は『何をなすべきか?』というやつで一応書かれている。で、戦術問題にかんしては『二つの戦術』〔『民主主義革命における社会民主党の二つの戦術』〕というのがある。あるいは戦略的な問題にかんしては『国家と革命』というかたちで書かれている。レーニンの本が分かりにくいというのは、当面の敵をどう打倒するかというかたちについて書かれているだけで、マルクス主義の革命論をどう深めていくかというやつが欠如しているわけだな。そういう意味においてわれわれは、レーニンの理論というものを理解する場合に重要なことは、そういう戦略・戦術・組織戦術がどうつながるのかという立場からみていかなければならないわけだ。このことは、トロツキーにおいても具体的にははっきりしない。

後でトロツキーの『過渡的綱領』についてふれるから、それはともかくとしてだな、この現代革命理論の混乱という点についてふれていく場合に、現段階におけるスターリニストの戦略、平和共存戦略というものは二通りある。

フルシチョフ平和共存戦略と毛沢東路線

フルシチョフの平和共存戦略を基礎とした議会的手段による社会の革命、これが二十回党大会〔一九五六年二月〕でうちだされたところのフルシチョフ路線といわれるやつで、やはりみんなも、第一分冊だけでもいいから（古本屋で八十円くらいで売っているからな）『二〇回大会』『ソ同盟共産党第二〇回大会』合同出版社」という三色、三色というけど上と下とが青灰色でな、真ん中が白くぬいてあるフルシチョフの報告の第一分冊だけでいいからやはり読んでおいて、フルシチョフの路線がどこがおかしいかというのをつかみとってほしい。

よく似ている立場が毛沢東のやつだ。毛沢東のやつとはどういうのかというと、やはり「平和共存」は言うんだけども「世界革命」という点を前に押しだす。そして、原爆戦争が起こったにしてもだな、「人類は絶滅しやしねえ」という楽観的な立場で、こう云々する。で、かなり外交路線としては極左的だし、そしてインド国境でごちょごちょ、ごちょごちょくだらんことを、芝居をやってみせる。あれは、芝居だよな。台湾でやるとむさいというので向こうへもっていったらしい。それから、向こうが今度「いかん」といったら、今度はおそらくまた台湾の方に戻ってくるか、インドネシアにやってるかどうか分からないけどもね。とにかく内的矛盾が発生した場合につねに民衆の目玉を外にむける、これが支配者の論理だよ。この支配者の論理を利用しているのが中共の毛沢東であるということを、われわれははっきりつかまなきゃならない。だからといって、われわれは従来のブルジョア支配者とまったく同じだと言ってることじゃない。論理として似ている、と。

大体、内的な矛盾がボカボカなってくると外にむける、というのは常套手段であるから、そういうのが身のまわりに起こってきたら警戒を要する。*

＊　武井健人らが、一九六二年十一月中旬以降、山本＝黒田にたいする誹謗・中傷を隠然とおこないはじめたことをさす。「最近における「反山本」の策動について」『日本の反スターリン主義運動　1』三五一〜三五三頁を参照。

それは余談だけども、そういう「平和共存」という同じことを言ってもだな、外に強硬的にやるのと、フルシチョフのようにいちゃいちゃやるのと二通りあるわけだ。フルシチョフがいちゃいちゃやろうとすると、毛沢東の方で横からピュッと意地悪をやる。そうすると少しばかり牽制させられるからフルシチョフがちょっと引っこむとかな。じつに、世界のプロレタリアートがね、じっくり客観的にながめて――こういう場合には客観主義よろしくやった方がいいんだな――、じっくり客観的にながめると、本当に主体的な立場がでてくる場合もあるよな。まったくスターリニストはおかしい、と。で、そういう戦略における硬派、軟派の違いからして、それは左翼スターリニズムとか右翼スターリニズムとかいうふうに分けているわけだが、この右翼スターリニズムという場合にだな、だてにそういうふうに言っているわけではない。

なぜならば、戦術にかんしていうならば、社会民主主義者とまったく同様に議会内において多数をとり、というふうにやってるわけだ。そういうことをやってるのが、このイタリアおよびフランスのスターリニスト・パーティだけども、諸君もみんな知っているように、この前の選挙でついに第一党であったフランス共産党は議席を失っていく。おそらく、こういう事態の主体的な反省、つまり自分自身の戦略・戦術がおかしいんじゃないか。ド・ゴール闘争にたいして敢然とたたかうことなく、「アルジェリアに平和を！　アルジェリアの完全独立！」というようなスローガンを掲げ・そして「徴兵制反対」をたたかっていた学生諸君にたいして、あれ何ていうんだか忘れちゃったけど、そういう闘いにたいしてだな、積極的に介入していかない。そういうものの必然的結果としてでだな、ヨーロッパにおける労働者のニヒリズムな状態がでてきているし、そういうニヒリズムな状態は、ほかならぬ自称共産党がつくりだしているんだというふうにとらえかえしたならば、新しい芽が出てくるはずだ。しかし、おそらくはそうは考えないで、今度は戦術転換をおこなうかも知れない。この点はよく分からない。

スターリニストの伝統的なやり方というのは、右へ左へ揺れて根本的な戦略的な問題は変えていかないわけだな。フランス共産党における敗北というものがどういうかたちで結果してくるかはいま分からないけれども。で、なぜそうなるかというと、おそらくフランス共産党は金が無いのかも知れない。イタリア共産党の場合にはきのうも喋って大笑いしたんだけども、イタリアの場合の共産党が民衆を買収する場合にどうやるかというとだな、イタリアの靴というのは皆よくはまるんだそうだな、上等な靴なんだそうだけども、そういう靴の片っ方を選挙の前にやるんだそうだよ。で、票を入れたということが分かると片っ方の靴をやる。こういう買収をだな、スターリニスト、イタリア・トリアッチの構造改革路線というのは、そういうふうに構造的に改革されているんだ。（笑）こういうやつを、やはり選挙党に転落している、議会党に転落しているスターリニスト党の惨めな姿というのはそういう点にまであらわれている、ということを具体的な例としながらだな、われわれはトリアッチ＝フルシチョフ路線がいかに反労働者的なものであるかということをつかみとっていく必要があると思う。

で、現代世界の把握のしかたは、われわれは帝国主義陣営とスターリニスト・ソ連圏との対立というふうにスターリニストと同様につかむわけなんだ、われわれもまた。しかし、われわれとスターリニストとの違いは、帝国主義陣営におけるプロレタリアートとソ連圏における虐げられた労働者との横への国際的な団結、これによる世界の転覆、そういうこの組織的な闘いをやろうとしているところに、われわれとスターリニストとの違いがあるわけだ。

いいかえるならば、われわれは階級闘争をいかに国際的に拡げていくかという立場をとるのにたいして、スターリニストは国家と国家の取引の問題に一切をすりかえていっている。だからスターリニストの世界政策、こういうものに各国のプロレタリアートの階級闘争は従属化されていく。一番典型的な例は、一九五八年の反《アンチ》ド・ゴール闘争のときにだ、フルシチョフが一喝することによってフランスにおける階級闘争の高揚がいっぺんに退潮してしまった。「平和が大切だ」というのでゴーンとフルシチョフが言ったらば、フランスの工場占拠までも、部分的に、地方的に発生していたやつなどが、ズーッとそういう波が退いていったというかたちがあるわけだな。

＊「フランスにおける内乱の勃発を極力警戒せよ」と指令。新装版『現代における平和と革命』（こぶし書房）九〇頁を参照。

第四インターナショナルの「労働者国家無条件擁護」戦略

こういうふうな基本的な立場というのはマルクスの立場であるわけだが、そしてまた主観的にはトロツキストと自称する人たちもそういう立場をとっている。だが、トロツキストの場合には、彼らは「労働者国家無条件擁護」という戦略をもってるわけだ。今日のソ連はたとえ堕落したといえどもやはり労働者国家なんだ、だから労働者国家が核武装することはいいことだ、「ソ連の核実験賛成、絶対賛成」というのが彼らの、俗流トロツキストの立場である。トロツキストというもので、「ソ連の核実験反対」をやってるのは日本のわれわれ以外にないらしい。とくに、ラテンアメリカの自称トロツキストというのは、この前も喋ったように中共スタイルでもう「絶対支持」で、「核実験反対」なんて言うと、もう人でなしに喰らわれそうな恰好になるんだそうだ。それは明らかに、「労働者国家無条件擁護」という原則というやつを無媒介的におっぺしちゃうからそういうことになるわけだな。

しかし、「労働者国家無条件擁護」というスローガンを掲げて［いるが］、今日のソ連が本当の労働者国家とした場合だな、孤立した労働者国家とした場合、帝国主義戦争が勃発した場合にわれわれはどういうスローガンを掲げるのか。「労働者国家無条件擁護」なんて言ったってそれは無駄なんだよ。ほかならぬわれわれの闘いそれ自身をだな、われわれの帝国主義的な権力それ自体をぶっこわす、それが労働者国家の擁護につながっていく、というこの主体的な立場を失って、ただたんに「ソ連防衛」というかたちで横すべりさせていってしまうのはまったく間違いだ。だから、防衛するかしないかというような問題の提起のしかたそれ自体が間違っている。われわれの階級闘争をどうおしすすめていくかということが中心問題なのであって、それが、たとえばソ連に、日本の軍事基地を通して、ソ連じゃなく或る一定の労働者国家に攻めこもうというふうにやった場合にだ、そういう軍事基地をおいている帝国主義の自国権力の打倒のための闘争をやることが、すなわち労働者国家擁護になるんであって、「労働者国家擁護」というのをだな、現実の闘いからはなれて掲げたってしょうがねえということをだな、はっきりつかんでおく必要があるわけだ。

で、社学同の諸君というのは、さまざまなかたちで、はっきり僕自身知らないんだけども、ソ連を「堕落した労働者国家だ」というふうにとらえる部分もあれば、あるいは構改派と同じように「社会主義なんだ」というふうに主張する部分もある。これは、吉本隆明にはっきり典型的にあらわれているように、「なぜ、ソ連の核実験、アメリカ核実験について云々するのか、俺には分からない、庶民には関係がない」というのが吉本隆明の立場なんだそうだが、そういうこの立場、ま、井の中の蛙というか、「庶民」ということを唯一の誇りとしているそういう馬鹿者だな、そういうのに表現されるのが社学同だと思うけども。これはもう構改派とか「革共同」西分派にたいする、俗流トロツキストの立場にたいするわれわれの立場をはっきりさせていけばそれでいいと思う。

ところで、さっきもでたようにもう一丁あるのは、「両帝国主義打倒」という立場である。「モスクワでもなく、ワシントンでもなく」というやつだな。これは根底にはどういうふうにとらえているかというと、アメリカ帝国主義の方は伝統的な資本主義国であるのにたいして、ソ連の方は革命の挫折によって変質し、世界革命の挫折によってロシア革命が変質し、そして官僚制国家資本主義になってしまった。で、国家資本主義という意味ではまったく同一性をもっているんだ、と。「われわれのスローガンは米・ソ核実験反対だけじゃ駄目だ。米・ソ核実験反対というのは小ブル平和主義である。米・ソ核実験反対、両帝国主義打倒、これがわれわれのスローガンである。」――これが対馬忠行の葉書だよ。こういうのを原則主義のイカレポンチということだな。

ところでだ、もう一丁あるんだけども、「両帝国主義」というかたちにとらえるのではなく、たとえばケン・ウェラーというイギリスのわれわれと最も似通った――ま、これはエセかも知れないけれど、そのうちよく分かると思うけども、現在のところはよく分かんない、まあ似通ったというふうに言っていいと思うけども――、そういうもっとも最左翼の部分のケン・ウェラーや、それからフランスのカルダンというような人たち、こういう人たちの立場というのはどういうのかというならば、……［テープが途切れている］……資本主義においては価値法則はすでに貫徹されていない、そして今日のソ連というのも官僚制国家資本主義に変質していく。価値法則が貫徹していない資本主義というのは官僚制へますます接近している。アメリカ帝国主義を先頭とするところの帝国主義陣営も、またソ連圏もまた官僚主義の方向にむかっている、全世界がますます官僚制に統合されるかたちになっている、というふうな世界情勢の把握をやるわけだ。しかし、彼らは「官僚主義打倒」というスローガンを掲げない。こんなスローガンを掲げたってしょうがねえからな。

大体、官僚というのは政治経済機構においてつねにかならず存在しているもんで、それをどうプロレタリアの国家権力が利用していくか、これは『国家と革命』においてレーニンが書いてあることだな。そういう、「官僚制打倒」という政治経済構造から切り離された社会学的な把握をやっている。これは、『先駆』創刊号に載ってるところの姫岡玲治という男の論文もそれとまったく同様だと思う。いや、姫岡が、一九三八年にブルーノ・Rという男が書いたところの――これは堕落したトロツキストといえるけども、ブルーノ・Rという男（Rというのは A、B、C、DのRだけどな）――、ブルーノ・Rという人が『世界の官僚制度化』という本を書いたというようなのをおそらく東大の図書館でほりおこしてな、それを剽窃したんだろうと思う。まあ、彼は独創力ないからな、どっかから剽窃してきたのにきまっていると思うけども、それを言わないところが彼が利口なとこだ。言ってしまうと元が、里がばれちゃうからな。（笑）

ま、ともかくとして、全世界が官僚制の方向にむかっているというふうな現実把握をやる。

じゃあ、そういう現実把握をやったらどうなるかというと、「帝国主義打倒、スターリニスト打倒」ということがでてこない。でてこないということはどういうことかというと、組織がつくれないということだよ。彼らは「今日のソ連というのは社会主義ではない、社会主義とは労働者が生産を直接的に管理する、労働者による生産の直接的管理、これこそが社会主義である」というふうに主張する。たしかにそうだ。社会主義においては労働者が直接、生産管理をやるんだ。だがしかし、それをやるのは一体誰なのか、こういう生産管理をやる組織は一体何なのか、生産管理をやる実体的基礎は何なのか。これを、レーニンはСОВЕТ《ソヴェト》というふうに名づけたわけだ。この、未来社会、社会主義社会の実体的組織的な基礎、こういうものをぬかして、いくら「生産の直接的管理」ということを叫んだにしたって、それは駄目なわけだ。

スターリニストの平和擁護闘争にたいして階級闘争を対置するのとまったく同様な思考法で、「スターリニストのあれは官僚主義であってあれは社会主義ではない、社会主義というのは労働者の直接的生産管理だ」というふうに言っただけでは、ここからこっちへの橋渡しが全然ないわけだよ。だから、われわれとしては今日のソ連圏にたいしてはソビエトをつくりだすような立場にたつ革命的な労働者、反スターリニストをつくりだすことが問題なわけだし、未解放の資本主義国におけるわれわれは、そういう未来のソビエト、労働者コンミューンをつくりだしていくための前衛組織を、この現在においてつくっていくことが必要であるわけだ。それはどういうことかというならば、革命的な前衛党づくり、ソビエトの形成を指導するところの前衛組織、前衛党、そういうものを現在的につくりだしていかなくてはならないわけだ。

反スターリニズム前衛党創造のための理論闘争

ところで、この党をつくるには一体どうしたらいいのかというならば、今日の労働運動の腐敗、社会民主主義やスターリニズムによってがんじがらめにされているそういう現実にたいして、われわれは断固としてたたかわなきゃならないわけだ。労働運動が社民的に、あるいはスターリニスト的にねじ曲げられている、こういう現状はどこからもたらされているのかということを無自覚的な大衆に知らせる。そういう闘争を組みながら、そういうのに自覚した革命的な部分を組織的に結集していく闘い。これをやることなしには、「社会主義というのは生産管理だ、労働者の直接的生産管理だ」ということをいかに叫ぼうとも、それは単なる願望に終ってしまう。

そして森〔茂〕君なんかが〔ヨーロッパで〕そういうことを説明すると、「それは六十ドルの問題だ*」、つまり非常に難しい問題だというふうにお茶を濁してしまうんだそうだが、しかしそういうことをやることが決定的に重要なんだ。そういう組織が反スターリニズムの立場らしきものをつくってはいるが、つまり既成の労働党とかあるいはスターリニスト党には賛成しない。トロツキーと同様に、あるいはレーニンと同様に、革命的な組織をつくるんだということを主張しているんだが、しかし、主張だけで組織がなかなかできない。ということはだな、世界情勢の把握のしかた、全世界が官僚主義の方向にすーっといってしまうというような把握のしかた、それからスターリニスト党の労働者にたいして流している害毒、社民党の第二インターナショナルのそういう伝統が根強くヨーロッパにあるということの現実把握にふまえない、単なる願望を提起しているにすぎないから、ますますもってそういう具体的な組織づくりということができない現状におかれているわけだ。

＊　アメリカのクイズ番組で、当たると得点が一、二、四……と倍倍となるが、問題が難しくほとんどが六十四ドルまで届かないことから、「非常に難しい」のたとえ。

今はそういう、スターリニストの二つの流れとしてのフルシチョフ＝トリアッチ路線、それから毛沢東のような左翼スターリニズム、それから俗流トロツキストの立場、あるいは対馬忠行などの「両帝国主義打倒」の路線、あるいはケン・ウェラーやカルダンのような「官僚主義反対」の路線、これらがあるわけだけども、俗流トロツキストとか、あるいは対馬やトニー・

クリフなんかの「両帝国主義打倒」論、あるいはウェラーなどの労働者反対派というか、労働者権力派というふうにいわれている部分の闘いが、なんら、「なんら」と言っちゃ悪いけども、ようやく組織的な闘いをやろうとしているんだけども、しかしうまくできない。

これは、ヨーロッパの伝統としての、レーニンの前衛党論を理解できないこと［にもとづく］。「レーニンの前衛党論はロシアに独自的なものであって、ヨーロッパには適用できない」というかたちで、コミンテルンができてから数年のあいだ猛烈な論争がおこなわれて、ようやく第三回世界大会のテーゼ（これはタイプ印刷で五十円で売っているからやっぱりみんな読んだ方がいいと思うけども）、この大会のテーゼあたりでようやく普遍的なものとしようとしているんだけども。第五回世界大会においてもなおかつ、このタイプ印刷になっている三回大会テーゼをもう一度討議する、討議にかけてやるというかたちでなされているわけで、相当に、レーニンの組織論をヨーロッパ的な規模で移しかえていくということはできなかった。

これはなぜかというならば、第二インターナショナルの組織というのは居住細胞、選挙のための居住細胞になっていたわけだな。これを、工場細胞を単位とした党組織の地区的な確立という方向にもっていくために五、六年の歳月を要しているわけだ。そういうふうな闘いというのが、それ以後のスターリニストの戦術のジグザグ、典型的には社会ファシズム論による社会民主主義者への直接打撃、その裏返しとしての人民戦線戦術、そういう左右へのブレによってだな、スターリニストの信用は失われていく。とくに人民戦線戦術が提起されたこと、あるいはヒットラーとスターリンとが手を結んだということによって、ヨーロッパのスターリニスト党は完全に瓦解したという経験があるわけだな。

それから、この前のハンガリア問題もスターリニスト党、とくにイギリスでは脱党者を続出させたけども、アメリカ共産党はぶっこわれちゃったわけだよ。日本の共産党だけだよ、ぶっこわれないのは。（笑）これは、でたらめな組織だというふうにもいえるし、あるいは馬鹿の寄り集まりだともいえるけれども。そういうふうなジグザグを重ねてくることによってだな、本当の組織というもの、レーニン型の組織を、ヨーロッパの精神的ならびに文化的、経済的な基盤、そういうのに根づかせるという闘いがほとんどおこなわれてこなかった。

だから、ケン・ウェラーなんかの闘いというのも、そういう第二インターナショナル式の組織論、簡単にいってしまえばローザ・ルクセンブルク型の組織論、そういうものの影響からして、大衆闘争への埋没というかたちのことがでてきているわけだ。彼らは言うんだ、「大衆闘争は何のためにやるんだ、プロレタリアの階級意識を高めるためにやる」。あたりきしゃりき馬の糞だな。（笑）どういうふうにその先をな、締めくくっていくのかというふうな問題を提起するわけだ、森茂が。しかし、そういう森茂の問題提起には頭を抱えて「そら、そうだけども」と。こういうかたちで、言ってることが分かんないらしいな。

これは直接的には、ローザ・ルクセンブルクのようなマッセンストライキの大衆運動論、これはローザの組織論、レーニンの組織論を批判していずれあとではローザは自己批判するわけなんだけども、自己批判する以前のローザをかつぎだしたり、あるいは一九一〇何年かにトロツキーが自己批判したところの一九〇五年のトロツキーの組織論をもちだす。たとえば、トニー・クリフな。このトニー・クリフの組織論というのは『先駆』の何号かに訳載［第一号］されているし、『批判と展望』の第二号か三号に批判が書かれている。だから省略するけれども、そういうローザ・ルクセンブルクのような大衆運動主義的なストライキ論、あるいはアナルコ・サンディカリズム的な傾向、こういうのが西ヨーロッパに根強くこびりついているわけだ。

こういうアナルコ・サンディカリズムあるいはローザ的運動論、こういうものとの批判的な対決、この対決を通してレーニン的な組織論を主体化するという闘いがなんらおこなわれていない。いやむしろ、「レーニニスト・パルタイ」という言葉を使うことそれ自体によって彼らは震えあがってしまうというそういう状況、これを克服することなしにはヨーロッパに反スターリニズムの革命的な党をつくりだすことはできない、というふうにわれわれは考えるわけだ。そういう点では、かなりの今後の理論闘争を必要とする。

それから、いろいろな、直接的には統一戦線の問題について言うならばだな、さっきも反戦闘争においての思考法の問題と組織論、それにからめて統一戦線を言ったけども、そして今度の革命理論の混乱というのを一応述べた後で、組織論的な点ではどういうふうに混乱しているかということをもうちょっとやっていく。

で、いま言ったように俗流トロツキストはまったく組織をつくりえない。一九三八年に第四インターナショナルをぼったて、四〇年にトロツキーが死ぬ前後においては、すでに第四インターナショナルの第一回の分裂をおこない、一九五三年には「今日のフルシチョフのソ連はいいんじゃねえか」というような立場から「ソ連のスターリニスト官僚打倒」をやめて「スターリニスト党を民主化しましょう」というパブロ主義者があらわれたわけだ。これはまずいなあ、というんで反撥したのがキャノンという爺さん。キャノンなんていうのはコミンテルンの執行委員でもあったわけなんだけども、それで喧嘩別れしたのが五三年。そして、このパブロ派というのにわれわれが最初にくっついたわけだ。くっついたというのは連絡をとったわけだな、連絡をとれた。

ところが、この第四インターナショナルはこの前も喋ったようにだな、分裂してしまった。一九六一年の暮に分裂してしまった。何をきっかけとして分裂したかというと、要するにソ連の核実験は賛成か否か、と。「平和共存を軸におくべきだ」というパブロという右派とな、中共スタイルで「戦争も辞さず、いまソ連の核兵器の方が強いからアメリカ帝国主義へソ連が攻めこんだ方がいい」という、ラテンアメリカのエセ・トロツキスト。こういうふうに二つに割れてしまったわけだな。これは、パブロ修正主義戦線の内部分裂というふうにいっていいと思うな。両極分裂だ、左右への分裂だ。こうすることによって第四インターナショナルの死滅はだいたい確認された、というふうにわれわれは考えていいと思う。

もちろん、ラテンアメリカの空気の入ったトロツキスト（笑）、まったく実際、「空気の入った」というように表現する以外ないらしいんだな。とにかく、日本のトロツキスト、全学連はやる気があるからいい、と。とんでもねえんだよな、やる気があるからいいというふうな具合に評価されているんだけどもな。そういうラテンアメリカのトロツキストは、やる気のある奴だけつなげて歩いているんだよ、今。そして、どのようにつながるかというふうなのはよく分からんけども、そのつなぎ方というのも、第四インターナショナルのちっぽけな組織の内部に分派闘争をやって、そしてこちら側に、こちら側ってラテンアメリカな、ラテンアメリカのトロッキストの側に結集するというんでなく、要するに話し合いでちょっとちょっとひもをつけて歩くというようなのしかやっていないから、これはもう全然問題になりえない、というふうにわれわれは判断していいと思う。

そしたら、大体、残るのはイギリスの新左翼という小ブルジョア急進主義者の集団だけども、これはみずから「思想集団」というふうに自称しているから、だいたい日本の清水の幾ちゃん〔幾太郎〕考えりゃいいと思うから、別に喋る必要はない。

で、残るのは要するに、やはりわれわれにとってのガンであるところのスターリニストということになるわけだ。スターリニスト党というやつはもともとは「共産党」というふうに言ってたんで、ああ今も言っているか（笑）、コミンテルンというやつをつくっていたわけなんだけども、これがレーニン死後おかしなかたちでジグザグをおこなっている。社会ファシズム論ということを提起したわけなんだけども、それによってドイツ革命の敗北をもたらした。

トロツキーの統一戦線論

やはり、こういう歴史的事実にたいしては、トロツキーの『次は何か？』〔創文社、一九五二年〕というものをはっきり読む必要がある。と同時に、あのトロツキーの『次は何か？』のどこがおかしいのか、という点を自分自身でよおく考えてほしいと思う。ヒントをあたえるならば、要するにトロツキーは「労働戦線の統一」ということを叫ぶんだよ。じゃあ一体どうやるのか、そのやり方がほとんど書かれてないわけだ。労働戦線の統一、これはプロレタリア党にとってもう当り前のことなんだよ。その自明のことをだな、どうやってやるのかということを具体的にしめすのが革命家の方針であるわけだ。ところが、スターリニスト党は社民党を敵に回しちゃいけない、社民党と一緒になりながらヒットラーにたいしてたたかわなきゃならない、たたかわなきゃならないということしか言わない。

で、具体的な問題としては、トロツキーは「スターリニスト党」という言葉を絶対に使わないんだな。ほとんど絶対に使わないと言ってもいい。やはり「共産党」というふうに使って、いい共産党が悪くなっている、これはむさい、というような感じだな。で、中で変えていかなきゃいけないんじゃないか、というふうに思うけども、しかし、「もしもドイツ革命が敗北するならば、新しいコミンテルンはつくらなければならない」という一句が残されているだけにすぎない。こういうトロツキーの正しい方針にもかかわらず、彼には組織論がぬけてた。このことをやっぱり、『次は何か?』を批判的に読むという場合の一つのメルクマールであるということを覚えておいてほしいと思う。

それから、トロツキーの『次は何か？』を勉強する場合に、やはりわれわれはディミトロフの『反ファシズム統一戦線』〔国民文庫、一九五五年〕というやつを、やはり比較対照して勉強してほしいと思うんだな。いかにこれが、この翻訳たるやいろいろめっちゃくちゃなんでね、困るんだよな。まあ、その話はしょうがない。具体的に、国民文庫なんかも翻訳がかなりピンチだな。「国民」も「民族」も何もめっちゃくちゃに訳されている。そもそも、ディミトロフはブルガリアか？　そうか？　ブルガリア語というのは難しいのかも知れないけどもな、そういうものの翻訳、英訳もあるんだろうと思うけども、その点がかなりぐちゃぐちゃだ。

しかしとにかく、トロツキーの革命的統一戦線戦術とかな、人民戦線戦術と。この「人民戦線戦術」と日本語で言うと非常にこのねえ、人民が戦線をつくったという恰好に読みとれるけど、英語で言うとね、これ人気とり戦線さ、popular《ポピュラー》 front《フロント》 と言うんだよ。このことをよく覚えといてな。「ピープルズ・フロント」じゃないのよ、「ポピュラー・フロント」、人気とり‐戦線。ま、人民戦線とはよくまあ訳したと思うけど、こういうのがまやかしというんだよ、な。ごまかしというんだよ。「ポピュラー・フロント」が人気とり戦線とかな、ぷあぷあとした戦線だ、というふうに言えばいいのに、人民戦線というと、さもさも人民が全体にこうパッと足並みそろえたという恰好になるけども、決してそうじゃないんだよ。そういう、この人民戦線戦術の没階級的なでたらめな組織論というものにたいする批判を、やはりわれわれははっきりさせておく必要がある。

ところで、このトロツキーの統一戦線論というやつは、コミンテルン第何回大会だい？ 三回大会テーゼかなんかのテーゼがトロツキーの統一戦線論の集約といっていいと思う。これは、現代思潮社の高い本においては『コミンテルン最初の五カ年』の第二分冊に入っている*けれども、「第四回大会決議草案」だ。西分派の出したパンフレットにはあるけれども。このトロツキーの統一戦線論というのも、やはりもう一度検討する必要がある。

＊「統一戦線について」（一九二二年三月二日）。コミンテルン執行委員会第一回拡大総会のために起草された。このテーゼ草案は第四回大会（同年十一～十二月）において決議された。

これをいま読むと非常によく分かると思うけども。いわば、こういう統一戦線論ではね、ちょっとんばかりできないということがね、何となく分かると思うんだよ。なぜならば、統一戦線を何のために組むのかという問題意識があんまりはっきりしてない。それと同時に、たたくということがあまりにも形式的になされている。もちろん、統一行動や統一戦線の内部においては、「行動の統一、批判の自由」というのは原則だな。だから、統一戦線の内部において、統一行動の内部において批判は完全にやらなければならないんだけども、問題は、いかに、どのように批判するか、その批判のやり方が問題なわけだ。ところが、全体の印象として、翻訳による印象もあると思うけども、この「統一戦線」というのは、よく昔、代々木共産党に入っていない人たちがつぶやいた言葉として、「利用する」、「非共産党員を利用する」というような立場で書かれていることがまずいわけだな。

しかし統一戦線というのはね、利用するということは絶対まずいんだな。利用するんじゃない。革命の主体というふうになるべき人たちがいまだそれを自覚していない、革命の主体になるべき人たちがいまだそれを自覚していない、そういう人たちが、自覚した部分と一緒にやるということが原則なんだから、そういう立場から批判のしかたもやっつけ批判にやっちゃ困る。戦術ということは、悪くいえば「利用」という意味も含まれているんだ。「ヤツをこういうふうにやるのは戦術だ」とか何とかいうような言葉を使うのは、あれは非常によくない。利用するというのならはっきり「利用する」というふうに言えば、「俺は利用されない」とこう言うだろうからな。その点は、「戦術」という言葉をな「利用」というかたちでやっちゃあまずいということを、はっきり念頭においておいてほしい。

で、やはり、われわれはレーニン、トロツキーの伝統、革命的プロレタリアートを中核とした勤労大衆ならびに非プロレタリア大衆の横の団結というかたちでとらえる。没階級的に「みんな来い、来い」というような、ポピュラー、人気とり戦線ではまずい。まずいんじゃない、それは誤りだということをやはりおしておく必要がある。だから、反戦統一行動という場合にもだな、たんに「来い、来い」というだけでなく、当面の重要な問題はだな、当面何を目標にするか、この目標を明確にすること、この目標に賛成するならばみんな集まれ、というかたちだ。じゃあ、この目標にむかって誰が一番よくたたかえるのかということをしめすのを、行動をつうじて、およびイデオロギー闘争をつうじてしめすことが重要であるわけだな。

そういうふうにだな、統一戦線というのも、われわれの組織とそれの横への、何と言うか、つっかえ棒だな、そういうかたちにやるんだけども、しかしつっかえ棒になってるやつをだな、利用するというふうにやっちゃ絶対まずい。絶対まずいんじゃない、それは非プロレタリア的な考え方だというふうにとらえることが必要だ。あくまでも目的は、或る一定の実践的な課題を提起し、そしてそれを実現するために最も正しく進めていくのはどういう立場でやっていき・どういう組織がやっていくのかということを明らかにして、われわれの組織外にある人たちをわれわれの側にぱくっていく、そういうかたちでおこなわれなければならないわけだ。

代々木共産党の「民族解放民主統一戦線」

そういう組織論にかんしてもめちゃくちゃだし、さらに人民戦線戦術というやつが今日では少しばかりハイカラになってな、「民族解放民主統一戦線」というような言葉も、中共仕込みででてきている。これは、こういう組織戦術、統一戦線戦術も一つの組織戦術だが、こういう統一戦線戦術がでてくるのは、同時にスターリニストの戦略、それは何なのかということ、彼らの二段階革命論との関連においてとらえなければならないわけだ。だから、民族民主統一戦線というのは、スターリニストの、今日の日本の代々木共産党の場合の戦略というものは何なのか、ということとの関係においてやらなきゃならない。

たしかに、代々木はこんにち反米民族排外主義を煽りたてているわけだけども、あれはどういうのかというならば、まずもって民主的政権、ブルジョアジーの最も反動的な部分でなく、ブルジョアジーのハイカラな、民族的利益を擁護する人たち、石橋湛山からしてそれにも昔は入ってたけども、この頃はどうか知らないけどね。ソ連の核実験で日ソ親善協会だかなんだかの会長を辞めたわけだけども、一九五三年頃の『世界経済四季報』、大月書店から出てるのには石橋湛山とかなんとか自由党のそういう民族的部分が統一戦線の対象だということがはっきり書いてあるよ。そういう、何というかなあ、ブルジョアジーの民族的な部分をもまきこんだ統一戦線政府、こんなの統一戦線とはいわないんだけどね、彼らの言葉でいう統一戦線なんだが、そういう「民族ブルジョアジー」（これは毛沢東がつくった言葉だけども、そして今日の日本ではあんまり「民族ブルジョアジー」という言葉を使わないけども）、そういう民族ブルジョアジーとも手を結んだ政府をつくることがまず第一の目標だ、というかたちでやるわけだ。

だから、彼らはブルジョアジーを利用しながらだな、ブルジョアジーったってこれは党員の儲けたやつ、こりゃトラック［部隊］で儲けたんだかなんだか知らないけどもな、そういう儲けたやつを出店にして日ソ貿易、日中貿易というかたちで問題を提起していくわけだな、「日中国交再開絶対支持」とか。そういう場合にだな、こういうソ連とあるいは中国と日本とが貿易をやった場合に一体誰がどう儲かんのか、そういうかたちでだな、国内の内的矛盾が解決されるのか、中国の内的矛盾が解決されるのか。あくまでもやはり、われわれは中国の人民と日本のプロレタリアートがどう団結し、アジア・プロレタリア共和国、労働者共和国をつくりあげていくのか、というそういう世界革命の展望から一切の物事を判断していかなきゃならないわけだ。

ところが、そういう階級闘争の世界的規模での前進ということからはずして、日中貿易やりゃあ日本の商社がつぶれないからよかんべえ、というような考え方からだな、「日中貿易・日ソ貿易賛成」というかたちでやっちゃ駄目なんだよ。実際に、シベリア開発というようなのに乗り気になってるのは民族ブルジョアジーじゃなく、本当の帝国主義的侵略をめざしているあいうトップ・レベルの奴らなんだな。もちろん、中国においてはダムはつくったが、しかし電気タービンがねえというんで、ダムから勝手に水がボーッと流れている。これを見てブルジョアジー、よだれを垂らして「早く日本のを入れたい」ということを言うわけなんだが、それはもちろんそうなんだけども、そういうことをしてたら、いつまでたったって日本のプロレタリアートは現状維持だよ。搾取されている、日本のプロレタリアートは依然搾取されているけども、懐が儲かるのはブルジョアジーだけだ、というかたちになってしまう。だから、僕たちがものを考える場合には、そういう資本家の立場とか日本国とかいうことじゃなく、日本プロレタリアートとソ連圏の人民がいかに俺たちの未来社会をつくっていくのか、という立場にたってやらなければならないというわけなんだな。

大体、他の諸分派ならびにスターリニスト党の戦略・戦術および統一戦線論の輪郭はそういうものなんだが、これにたいして最後に、われわれの世界革命戦略というものは一体どうなのかという点について簡単にふれていきたい。

III　われわれの世界革命戦略と革命理論の追求

革命論のなかに組織戦術を組みこむ

さっきも言ったように、われわれが革命理論においてなしとげた唯一の事柄といってもいい問題は、組織戦術というものを革命論のなかにぶっこんだということだ。組織戦術を革命論のなかにぶっこんだということ、プロレタリア革命をいかに実現するか、ということを提起したということなんだ。

『共産主義者』の第四号か五号か忘れたけど、岡田新の論文があるようにな、あの論文をみれば分かるように、『共産党宣言』の段階においてのマルクスというのは、明らかに前衛党をつくるということをはっきり意識していない。やはり、労働運動にのっかっていくというような立場をとり、ただその労働運動をうまくやっていくという意味で、共産主義者の通信委員会というものをやっていたわけだな。そういうことをやっているけれども、しかし第一インターナショナルがつくられたわけだけど、それがまたパンクし、第二インターナショナルはエンゲルスの手によってつくられたけども、本当の戦闘的な部分の労働者を実体的基盤としたんではないということからして必然的にふやけていく、社民化していく傾向をはらんでいった。

こういう第二インターナショナルの腐敗にたいして、ロシアというこの厳しい条件のもとで本当の前衛党をつくりあげようというふうにやったのが、ほかならぬレーニンであったわけだ。そして、このレーニンのつくりあげた党、民主集中制の原則にもとづいた、この細胞を基礎とした前衛の組織、こういう組織はコミンテルン、第三インターね、コミンテルンにおいては全世界の共産党のあるべき姿として普遍化されていった。しかしその場合に、もちろん、意識的には十分ではなかったにしても、とにかく戦略・戦術、組織戦術という問題は――「組織戦術」という言葉でなく「組織活動」とか「組織の方法」とかいうかたちで、積極的に各コミンテルン大会において論じられているわけだ――、「戦略にかんするテーゼ」、「戦術にかんするテーゼ」、それから「組織活動にかんするテーゼ」というかたちでずっとやられている。しかし、その内的連関はいまだ理論化されていない。

そういうことをだな、はじめは僕らも無自覚的であったけども、スターリニスト党をどうぶっこわすのか、そういう現実的課題に直面させられ、スターリニスト党の戦略・戦術、代々木の戦略・戦術を批判するそのなかで、どうしても実体的な問題として組織戦術の問題を一本ぶっこまなければ駄目だ、ということの自覚をもちはじめたわけだ。

直接的のきっかけとなったのは、いうまでもなく第四インターナショナルの「加入戦術」という言葉、この「加入戦術」という言葉を組織戦術というかたちに一般化することによって加入戦術が没入戦術になることを防ぐ、そして加入ではなく独自な組織をどうつくっていくのか、加入戦術も一つのやり方としながら独自のわれわれの党をつくっていくにはどうしてやるのか、ということをめぐってわれわれの革命理論は展開していったわけだ。はじめから明確な問題意識をもっていたわけじゃないけども、スターリニストの二段階戦略論の批判、その人民戦線戦術あるいは民族解放民主統一戦線の批判、そういう課題と、他方ではトロツキストの加入戦術の没入戦術への転落を防ぐ、こういう二つの問題意識のもとに組織戦術というものをゴーンと中心におこう、と。そして、その立場からレーニンやトロツキーの理論への再検討が開始されたわけであり、それが今日『革命的マルクス主義とは何か?』というパンフレットに書かれていることであるわけだ。

この問題は、今日でもなおかつ、どう中心的なケルンをつくっていくか、そしてそれを、ケルンをつくっていくために、どのように統一行動や統一戦線をとってやっていくのか、というかたちが第Ⅱ章のBの組織論上の中心問題というかたちで、当時の具体的になった問題を基礎としながらやっているわけだけども、こういう組織論を位置づけるという立場から、次のCの理論上の諸問題にかんしてはレーニンとトロッキーの独裁論の批判的検討というかたちでおこなわれていった。しかし、この点はまだ糞づまりであって、諸君自身が今後やっていかなければならない問題で未解決のまま残されている。

早い話が、トロツキーの『永続革命論』*Permanent*《パーマネント》 *Revolution*《レボリューション》という本を読んだにしてもだな、要するにだよ、スターリニストの二段階戦略はレーニンの伝統を受け継いでいない、俺たちの革命論、世界革命論は永久革命論・永続革命論、連続に展開しなきゃいけないんだ、ということより以上のことは書いてないわけだ。じゃあ、それをどういうふうに連続的に、世界的な規模で連続的に展開していくのか、しかもスターリニスト党との闘いをつうじてやっていくのかということが、『永続革命論』という本ではかならずしも書いてないわけだ。いや、まったく書いてないといってもいいんだな。たんに、レーニンはああ言った、そのとき俺はこう言った、ところがスタはこう言った、しかしラデックはこうだ、と。こういう論争をやることそれ自体がすでにもう、スターリニストに敗北する一つの論争の形式をなしていた。

やはり、われわれの教訓としてはだな、たとえば、『ロシア革命史』〔弘文堂、一九五〇年〕

というトロツキーのあの本の「附録」としてつけられている「一国社会主義の神話」、きわめて多くの文献があげられているよ。しかしね、レーニンがあのときこう言った、俺はこう言ったんだ、というふうなアリバイだな、いわば。アリバイをたてたにしたって、やはりね、それだけではスターリニストの理論を粉砕することはできないんだよ。スターリンは一九二四年の四月にはこう喋っていたけども、二四年の十月、半年のあとにはこういうふうに裏切ったじゃないか、と。そんなことを言ったって、やはりソ連の現実はスターリンの路線でのっかってやっていかれているわけだ。こういうスターリンの路線でやられているという状況にたいしてどうたたかうのか、これを一本すえない一国社会主義論批判というのはね、やはり実践的有効性をもちえない。それは、たんに客観的な歴史的記述になり終ってしまうわけだ。

そういう意味でね、やはりトロツキーの『永続革命論』を読む場合にも、あるいは『ロシア革命史』の「附録」に載っているところの「一国社会主義論」にかんしても、そういう、俺たちの組織を、スターリニスト党にたいしてあるいは社民党にたいして本当の革命的組織をつくりだしていくということを基礎としながら、戦略・戦術問題を批判していくという立場が、ガンとおかれなければならないわけだ。

反戦闘争における左右の偏向の克服

そういうことをだな、ほかならぬ去年の反戦闘争の過程でもう一歩具体的な姿で「やってきたわけだ」。かつての一九五七年から八年にかけての段階は、純然たる理論的な問題、二段階革命論批判というかたちでおこなわれてきたわけなんだけども、二段階革命論批判というかたちで戦略・戦術・組織戦術――これは理解するためには本質的な戦略、現実的な当面の具体的な戦術、それを媒介する実体的な組織戦術というふうにね、本質・実体・現象の関係でとらえていれば大体分かると思うけども――、そういうかたちでかつては理論的な次元でおこなってきたわけだ。ところが去年の段階においては、そういう過去の理論的遺産にふんまえながら、「米・ソ核実験反対」の反戦闘争という具体的な問題において深化していく、深めていく。「米・ソ核実験反対」の反戦闘争というような闘いのなかで、戦略的課題∧反帝・反スタ∨、それから戦術的課題、直接的にはMS［マル学同］とかMW［マル青労同］を強化していく問題、そしてそのためのスローガンが「米・ソ核実験反対」だ、当面のスローガンが「米・ソ核実験反対」だ、というかたちで提起したわけだ。

ところがだ、そういうふうな戦略的課題∧反帝・反スタ∨と戦術的課題「米・ソ核実験反対」とを媒介するところのマル学同づくりと、その三本の関係がまだはっきりつかまれていない。そこからもってきて、最大限綱領主義、〈反帝・反スタ〉ならまだしもだな、「反帝」という一本槍主義のやつをずうっともってきて、「革命なしに平和なし」「帝国主義戦争を内乱へ」というわけでガーッと現実的問題までも切ってしまった。これが、いわゆる左翼的偏向であったわけだ。

これにたいして、運動が伸びないのはおかしいんじゃねえかというかたちで、「さあ大変、さあ大変」というふうにわーわー騒いだのが博多*であったわけだ。もちろん騒ぐことは大切だ。「大変だ、大変だ」とあんまり言っていると狼の話になっちゃってまずいけども、しかしやはりな、あれは、博多で何万カウントとかいう雨が降ったわけだ。だから「これは大変！」と言えば、皆、千人ばかり、二千人か、きゃーと集まってくるのは当然だな。それはそれでいいんだよ。集まったらそこでね、ヒューマニズムの立場から「全人類の危機」というかたちだけでやったんじゃ駄目なんじゃねえか、と。諸君は「全人類の危機」だと思ってやってきた、そりゃあ違いねえ、たしかに危機だ、と。しかし、この危機をどう突破してゆくのかというふうにね、問題を深くやっていけばそれでいいわけだな。

＊　博多にある九州大学のマル学同支部をさす。

ところが、全人類の危機でやったのはまずかった、この点はなぜか、やっぱり立脚点主義だ、と。元へ戻っちゃうわけだよ。そういう総括のしかたはナンセンスなんだよ。やっぱり集めたということはね、偉大なことなんだよ。問題は、この集めてかかえた、大衆をかかえて今度はマル学同の方がオタオタしちゃったというんだな。（笑）集めたのをな、やはり、これをちゃんとマル学同の方に組織するためのイデオロギー闘争をやるというかたちにね、問題を発展させていくべきところがね、問題をずらしていっちゃったのが博多における右翼的偏向であるわけだ。

だから、『現代における平和と革命』という本もだな、これは第一章「「危機における人間の論理」」から第二章「「現代革命と平和共存」」の中途ぐらいまでは下向分析的に書かれているのはそのためなんだな。すでに手元に配布されている裏側の絵はパーだけども、この『平和と革命』の方の図解*は正しいんだが、現実的な問題から下向分析的にやっていく、と。そのSのところが主体であって、そこから問題が提起されるわけだ。代々木共産党に言わせると、「危機感というやつはプチブルだ」というふうに言うけども、やはりね、危機感というのは階級を没して全人類が直接に感ずる意識なんだよ。この全人類に共通な意識にふみとどまっているかぎり、それは小ブルジョアジーの立場にほかならないということが書いてあるわけだな。つまり、危機意識というのは現代的にハイカラに言っただけでね、即自的な意識ということだな。そういう即自的な意識にとどまっていたならば、現代世界の危機の根本的解決はありえないということが初っ端に書いてある。

＊ この図解は確かめることができなかった。なお、SやA′の記号は、本書二九頁の図を参照。

じゃあ、なぜ根本的危機は解決されえないのか、というかたちに問題を提起する場合に、無媒介的におこなわれない。そこに書いてあるように、核実験・平和問題とか、あるいはド・ゴール問題とかいうような現実に種々起こってくる諸問題、これとの対決をつうじて、平和擁護運動が平和主義的に陥没し、反《アンチ》ド・ゴール闘争が民族主義的ないしは平和主義的にそらされている。横にすーと棒が出ているというのはそらされているわけだけども、そういうかたちにいってしまうのはなぜなのか、そういうかたちで下向分析がおこなわれ、それらの本質としてA′がつかみとられるわけだ。

スターリニズムの本質的把握

これがスターリニズムなんだけども、このスターリニズム（A′）が「一国社会主義」である、つまりそれは反レーニン主義・非マルクス主義であるというふうに規定するためには、右の方からの批判の矢印がなけりゃならないわけだ。『ゴータ綱領批判』というもの、あるいは『資本論』でもいいけれども、そういうプロレタリア独裁論あるいはレーニンのプロレタリア独裁論を基準としてA′をとらえたときに、そこのスターリニズム、一国でも社会主義は建設できるというのが嘘っぱちだというふうなことがいえるわけだな。『ゴータ綱領批判』からA′へむかっている線は批判の矢印であるわけだ。一方では現実的に起こっている問題、平和共存、それから反《アンチ》ド・ゴール闘争、そういう問題にふんまえ、それを分析していきながら下向分析的にやるとともに、そのどんづまりとしてのA′を非マルクス・レーニン主義としてとらえるためには、『ゴータ綱領批判』ないしは『共産党宣言』、あるいはレーニンのいろいろなプロレタリア独裁論による批判がなければそれはできないわけだ。

で、ひとたびそれが、スターリニズムの本質が「一国社会主義」という非マルクス主義的なものだということがつかみとられたならば、それを軸として今度は現代ソ連論という方向にむかっていくことができるわけだ。

ソ連の現実の建設というのは、「一国社会主義」というイデオロギーを軸としながら展開されている。そういうかたちで今日のソ連の性格を論じたのが一九三六年の『裏切られた革命』［山西英一訳、論争社、一九五九年］であった。だが、この『裏切られた革命』は『ゴータ綱領批判』を十分には主体化していない。そういう意味においてさまざまの欠陥をもっている。早い話が、社会主義社会と過渡期の区別と連関ははっきりしていない。つまり、『裏切られた革命』の第三章の初っ端だな、あそこのところでは過渡期と社会主義とがはっきり区別していないから、社会主義社会においても残るところの「ブルジョア的権利」、つまり等量労働交換という「ブルジョア的権利」の残存が、あたかも今日のソ連がねじ曲がった根拠であるかのようにやってしまっている、というような欠陥が集約的にしめされるわけだけども。このような欠陥をもっているんだが、しかし『裏切られた革命』はやはりみんなちゃんと読まなきゃいけない。どのようにソ連がおかしくねじ曲がってきたか、という具体的な事実をあそこからとらえるとともに、第三章の欠陥が第九章の誤謬として拡大再生産されるというところまではっきりつかんでいかなきゃならない。

まあ、このトロツキーの『裏切られた革命』論はきょうはやることはできないけども、さしあたり、去年の『早稲田大学新聞』の第二章なんかに書いてある*ことをまとめてほしい。去年から労働者の方では『裏切られた革命』をやってて、そのなかの討議した内容というものをいずれガリ版にして出すということになってるけどもな。そういうものを、今後も積極的にやって学生諸君の方にもどんどん回すというかたちでどんどん勉強していきたいと思う。で、きょうはさしあたり、その問題についてでは、トロツキーの『裏切られた革命』については言わない。

＊「現代ソ連論の根本問題」『早稲田大学新聞』第八四七〜八四八号。『日本の反スターリン主義運動 1』所収。

そういう角度でね、やはり『裏切られた革命』、今後な、社学同なんていうのは、東大社学同とか駒場社学同という残存分子は、もう、いままでのやり方ではむさいというんでトロツキーなんか読んじゃって、トロツキー・ドグマチストになりかかってる部分があるわけだな。そういう、まさになりかかった部分のとこにボイーンとこちらの路線を入れないとな、向こうはトロ教条主義化しちゃってね、非常にまたやりにくくなるよ。大体、トロツキー信者というのは、スターリニスト信者と同じようにね、かなりぶっこわすの大変なんだよ。西分派というのはぶっこわれたんだけど何となくいるだろ。ああいうのがね、トロツキストというんだな。もうダニのごとく、ま、ダニの方でもいいけども（笑）、僕はゲジゲジだそうだけどな。（笑）もう、そういう、いろいろな傾向があらわれてきているのにたいしてね、断固たたかわなければならないという意味で、『裏切られた革命』というものにかんしてもだな、ちゃんとやっていく必要がある。こりゃ大変だなあなんて思っているような人が大分いると思うんだが、しかし、そういうふうに思ったら自分の自滅だと思ってほしいと思うんだ。

そういうふうにね、分からない問題があったらばだ、時間が、余暇のあいだに……［テープが途切れている。このあと休憩に入る。］

……きょうも中大で構改派と論争ができなかったという自覚にたってな、質問してきたから、ここに書いてある絵は構改派との闘争における敗北の確認をここでやったわけだよ。「敗北」と言っちゃうと悪いけどな、要するに十分にたたかいえなかった。それはいいんだよ。そういうふうに自覚したらな、はっきりやはり討論し、どこが分かんなかったかということをはっきりだす。そういうことをはっきりださねえとな、前進がないんだよな。だから、他党派と論争したり、あるいは内部で理論学習なんかをやってて、分かんなかった問題というのはかならず記録してさまざまなかたちでだす、そして討議する。そういうことをやってほしいと思うな。

ま、ともかくとして、われわれのこの一つの成果としては革命論のなかに組織論をぶっこんだ、という点が決定的に重要な問題であるわけだ。だから、たとえば反幹部《アンチ》闘争というやつは、われわれのケルンをつくるための一つの戦術として提起されているわけだけども、もしもこの反幹部《アンチ》闘争というのが社民およびスターリニストの裏切りの理論的な解明とかけはなれて、たんに「ダラ幹だからいけない」とか「ダラ幹反対」というかたちでやったならば、これは派閥闘争になっちゃうわけだ。古いダラ幹にかわる新しいダラ幹をつくりだす、ということになってしまうんだから。そういう反幹部闘争というかたちの闘争はしめくくりをいうだけであって、どうやっていくか、スターリニストあるいは社民の戦術・戦略との関係において暴露していくことが大切だ。

だから、この統一戦線あるいは統一行動の問題にかんしてもまったくそれと同じようにだな、戦略・戦術的な問題との関係においてやらなければならない。われわれとしては、反スターリニズムの運動を、革命的マルクス主義の運動をどう強めていくか、ということをはっきり押しだしていかなければならない。で、そういう理論的な操作というかな、従来、即自的に問題になっていた問題を意識化し、コミンテルンにおいては「戦略」「戦術」「組織方法」とかいうかたちでチンチンパラパラのテーゼとなっていたものを、一貫したかたちでぶっこむ。戦略・戦術論は組織論的に、組織論は戦略・戦術論的なかたちで展開する、というかたちを僕たちは押しだしていく。

情勢分析主義および大衆運動主義の克服

これはどういうかたちになってあらわれるかというならば、国際情勢・国内情勢という情勢分析から直接的にわれわれの行動を規定するやり方。国際情勢・国内情勢というようなもの、階級闘争とわれわれの組織的な闘いがどのように進んでいるのかということを括弧に入れてだな、ただ景気循環がどうなってるとかな、恐慌がくるかこないかとか、西分派がよくやるやつな、ＥＥＣ〔欧州経済共同体〕はどうなってるかとか何とか、そういう純経済的な構造から直接にわれわれの行動方針を推論、導きだすやり方、これを情勢分析主義という。ほかならぬこの情勢分析主義は去年の全学連二十七中委〔一九六一年四月〕において訣別したはずのところのものであるけれども、しかしこの情勢分析主義というものから訣別するためには、哲学的問題としては法則論をちゃんとやっておかないと、はっきりつかめない。

歴史は人間がつくるということは誰でも知っているわけだが、しかしこの歴史の法則性というものは、どのようにつかみとられるのか。社会の法則は人間が実体となっているにもかかわらず、スターリニストはそれをぬかしてしまう。人間のない法則をつくっていく。しかし、やはりわれわれは、社会の法則の実体は人間なんだということを一本つかむとともに、その法則性を担っているところの人が、同時に自分のおかれている場所、法則性を認識するんだ。しかしそれを認識する場合には、一応、観念的に外へ飛び出てやるわけなんだが、しかし、この観念的に、みずからがおかれている法則性から観念的に飛び出すということを固定化するところに情勢分析主義がでてくるんだ。われわれは社会の一員だ、だけどわれわれの社会を見るためには、いちおう観念の世界で社会を外に立ってみるというかたちになるわけなんだが。こういういちおう外に立ってみる、自己を二重化してみるというふうにもいえるけども、いちおう外に立ってみるという、そういう主体的な立場を失ってそれを固定化すると、しょっちゅうながめ歩くという、そういう傍観主義というのがでてくるわけだ。その傍観主義的な客観情勢の把握、あるいは客観情勢の客観主義的把握、傍観的把握、それが情勢分析主義であるわけだ。

だから、経済恐慌というか景気循環というようなものは、われわれの運動をいかにおしすすめていくべきかということの前提であり、基礎であるべき問題であるにもかかわらず、あたかもそれが軸となり、そこからすべてのわれわれの行動、運動が規定されてしまう、というように考えるのは情勢分析主義である。いいかえるならば、われわれの運動をどうおしすすめていくか、われわれの運動がどこまできて、どういうふうにやるのかということにふまえないで客観情勢を述べる、というふうにやってしまうならば、どうなるか。こうこう、こういう情勢だからこうしろ、というかたちでてくる。できもしないことまで要求するというようなかたちになる。だから、情勢分析主義というものから直接に行動方針を決定する場合に、大衆運動主義的な偏りを必然的にともなうというふうにいうことができる。

それはなぜかというならば、情勢分析における主体的な立場の欠如、組織的な、組織の度合、組織化の度合というものがみんなぬけおちているから、必然的に大衆運動をやる場合の組織の問題というのがぬけてくる。情勢分析においても組織の問題、どういうふうにたたかってき、そしてこれからどうたたかうのか、ということがぬけおちるとともに、同時に他方では、そこから直接推論する場合には、大衆運動をどうおしすすめていくかという組織の問題がでてこなくなる。情勢分析においても、大衆運動についても、組織づくりの問題が欠落してしまう。こういうことをわれわれははっきり見なきゃあいけない。そして、われわれがコミンテルンのテーゼを読む場合にもだな、そういうことを念頭におきながらやる必要がある。

一九二九年恐慌以後は激烈なかたちでの恐慌は勃発しないようになってしまっている。なぜならば、一九一七年のロシア革命を Knotenpunkt《クノーテンプンクト》 〔結節点〕としてだ、それに対応するかたちで資本主義世界も形態変化をとげて、国家独占資本主義に形態変化をとげていった。こうすることによって、国家が生産過程の中に介入するというような諸事情、これを通してだな、恐慌が激烈なかたちで勃発するということはなくなってきたわけだ。だから、革通派〔共産主義者同盟「革命の通達」派〕がやってたようにだな、経済情勢から直接にだな、われわれの行動方針を決めるとか、あるいは「恐慌、そら、大変」というふうにやる、と。西分派の景気循環論的情勢方針論というんだよな。つまり、不況期には首切り反対、それから好況期には賃上げ。彼らのスローガン「赤ランプがともった」なあんて（笑）、まさにマンガみたいな表題がついてるよね。この頃そういうのないだろうけども、まったく驚いたね、あの「赤ランプがともった」。*

＊　岡谷進「景気の行手に赤ランプがともった――労働者よ！　準備せよ!!」革共同西派機関紙『世界革命』第五五号（一九五九年九月三十日付）

要するに、景気循環にのっとってだな、大衆運動を、こう、ふわふわ、ふわふわ、こう泳いでいけばいい、と。まさに小さい川の上に（小さい川は小川っていうんだな）、小川の上にのっかっている笹舟みたいな方針をだしているわけだ。ふわふわ、ふわふわやってきたけれど、やっぱり大衆運動の波にもまれて西の舟、ドロ舟になっちゃってぶっこわれちゃって、大原派の破片がだいぶ飛んできたけどな、その破片がマル学同の中に入ってきたらしい。*そういう状態になっている。（笑）

＊　革共同西派の学生が、一九六二年九月の「大学管理制度改悪反対全国学生共闘会議」に出席してこれまでの分裂活動を自己批判し、その中心メンバーたちがマル学同に結集した。

そういうことになるのは、要するにだな、われわれの運動をやる場合の組織づくりの問題、「組織」「組織」って言ってるとずいぶんみみっちいなと思うけどな、やっぱりね、組織なしにはたたかえないんだよ。国家権力それ自体が組織、暴力組織としてわれわれにのっかかってきているし、そしてわれわれは、それに組織的に対決しなきゃいけない。

まあ、この夏休みにちょっとラジオを聴いてたらな、ブルジョアジーがすごいんだよな。一週間授業料が七万円でね、千葉県かなんかの方の合宿をやっているんだな。経営者をつくるための合宿、一週間の授業料七万円、冷房がきいて松の林の中で何階建のビルディングで、ちょっと座ると経営学、経済学にかんする本がずらりと並んでいる。そこで将来、俺の会社を背負《しょ》って立つにはどうするかという若手の社員をな、二十五から三十歳ぐらいの社員を教育するのとともにだな、四十から五十ぐらいのトップクラスに将来はなるであろうところの経営者の人づくりをやってんだそうだよな。ははーん、わが同盟、人づくりをやっとらんというふうに思ってだな。(笑)池田君［池田首相］が猛烈に「人づくり、人づくり」って言うけども、実際に奴ら、やってるわけだ。そしてほかならぬ僕たちも人間変革、思想改造という問題を追求してきた。

一九五八年の［革共同］第一回分裂のときに、われわれは「社会革命をめざしているんでなく人間革命をめざしている」と太田竜に言われたほどにだな、おかしいわけだよな、人間革命ということを力説するわけだ。にもかかわらず、やはりわれわれは人づくりが足んねえじゃねえかというように感じたわけなんだけども、決してそれはね、やってないということじゃないんだよ。ブルジョアジーのあの意気込みに、俺たちはね、かなわねえということを感じたわけだよ、うん。それはな、奴ら、もうGeld《ゲルト》をたくさんもってるからちゃんとやるし、暑い日に暑くないところで勉強もできるけど、俺たちは汗ふうふう、ふうふうかいてる。ばてちゃうということなんで。で、ばてちゃうからしょうがないというので九月からやろうというわけで始まった。これはマル学同の人づくりなわけだよ。人づくりというのは、要するに革命家づくりだな、俺たちにとっては。向こうは革命を粉砕し、本当の資本主義、ブルジョアジーの世界を強固にするために人づくりをやってるけど、俺たちは革命的人間づくりをやる。

この革命的人間づくりというのは、やはり闘争と理論闘争、大衆の現実の闘争と理論闘争というもののいわば二本立てだな。この二本立てということで形式的に分けちゃっちゃまずいんだけども、大衆闘争は理論的に、理論は実践的にやらなけりゃいけないわけだ。そういう相互滲透の関係において理論と実践の両方を鍛えていかないとだな、頭の空っぽで暴力までやるというふうな恰好になっちゃうけれども、やはり「鬼に金棒」というかたちにマル学同にはなっていってほしいということは、第一回目［入門講座「哲学入門」］に喋ったはずだ。こういう戦略・戦術・組織戦術という三つのものの連関を武谷の三段階論を利用しながら、本質的な戦略、実体的な組織戦術、そして実体的な組織戦術にふまえた戦略的課題・本質的課題の現実的な適用として現実的な闘争方針をだす、というかたちにわれわれはやってきたわけだ。

＜反帝・反スターリニズム＞のスローガン

この結果としてだな、要するに、＜反帝・反スターリニズム＞というスローガンを現段階におけるわれわれの革命戦略というかたちで提起したわけなんであって、このことは、マルクスの時代の産業資本主義の段階においては全世界がいちおう資本主義的商品生産に滲透されていたんだけども、ロシア革命以後は帝国主義陣営とソ連圏という二大陣営に分裂していった。この分裂の事態にふんまえながら、われわれの戦略をどう実現していくのか。

「ソ連絶対防衛・労働者国家無条件擁護」というスローガンでたたかってきた第四インターナショナルが、ついにその命を落としかかっている。まあ、その当時は、僕たちは落としかかっているという程度で、もう駄目だという判断も片っ方にはやるけども、しかし第四インターナショナルというのがこうも惨めだとは思わなかったからな、第四インターナショナルの革命的な解体・摂取ということを一つの目標にしなきゃならない、というふうに考えていた。しかし、現段階においては、すでにそれが現実的測定によるとまったくパーだ、と。で、われわれは、こういうわれわれのうみだした〈反帝・反スターリニズム〉というやつを現実化していく闘いの運動をやっていかなくてはならない。

これにたいしてさまざまな誹謗が加えられる。「ソ連論なき、あるいは現代資本主義論なき「反帝・反スターリニズム」は空虚だ」と、こういうふうに言う。たしかに、われわれはなおソ連論・現代資本主義論を確立してはいない。それは、われわれだけが確立していないわけじゃなく、対馬だってやっていないし、誰だってやっていないんだよ。宇野弘蔵だってできないんだよ。できないからといって、やっぱりやらなくていいということにはならない。それは諸君自身によって今後の闘争をつうじてだな、ソ連論、それから現代資本主義論はうちだしていかなきゃならない。

しかしだな、そういうソ連論がおめえんところはないというんで消耗してしまうマル学同がいるらしいけどね、これはナンセンスだよな。そうじゃなく、そういう現実のソ連というのは一体こうなんだということをはっきりとらえ、それをどう変革していくのか、そして資本主義の価値法則をどう粉砕していくのか、そういう具体的な問題の一般的輪郭をとらえることが、さしあたりまずわれわれのソ連論だ。ソ連は何だ、というふうな結果的な規定をあたえることが問題じゃないわけだ。もしもそれができるならば、ボナパルチズムという概念もいらなければ、天皇制という概念もいらなければ、スターリニストという概念もいらないわけだよ。

ところが、天皇制というふうに言うけども、あるいは天皇制絶対主義あるいは天皇制ボナパルチズムと言うけれども、それは天皇制というものの具体的な規定ができない、それの類推によってだな、ボナパルチズムというものの類推からやるんだけども、ボナパルチズムというのはそれ自体規定できないわけだ。ブルジョアジー独裁の一つの形態で、軍事的にうまくやって勢力均衡をとったというかたちにしか説明できないから、そういうことを長く言うと面倒臭いんで、ブルジョアジーの独裁の形態としてのボナパルチズム、と。

あるいは、ナチズム、ファシズムというやつでも、国家社会主義・ナチズムとか、ファシズム、ムッソリーニのファシズムというやつの内容は、いまだスターリニストとトロツキーとは違うわけだよ。スターリニストがファシズムを規定する場合には、「金融独占資本の最も狂暴な」何とかかと、忘れちゃったけどな。ディミトロフの『反《アンチ》ファシズム統一戦線』になんかこういう規定があるけれども、その点にかんしては『次は何か?』のトロツキーの規定の方がはるかにすぐれている。小ブルジョアジーにのっかりながら独占資本がそれを利用していく、そういう、支配階級とそれに騙されのっかっていく小ブルジョア的反抗との関係において、ああいうファシズムの運動、ナチズムの運動ができたというふうに分析しているわけだな。

だから、われわれはさしあたり、スターリニズムの本質は一国社会主義だ、そしてそれは、一国社会主義というのは、マルクス・エンゲルスの世界革命論の破壊のうえになりたっているんだということをおさえるとともに、現実のソ連にたいして、今度のフルシチョフの演説なんか僕はまだ知らないんで、きのうはじめて知ったわけなんだが、そういうブルジョア的合理性に学ばなけりゃいけないというのは、どこがごまかしなのか。かつてスターリンは、『レーニン主義の基礎』という講演を一九二四年の四月におこなった時に、「アメリカの能率の良さ、プラグマティックな能率の良さに学べ」ということが、第九章だったか終りの方に書いてあるはずだ。これは何かというと、アメリカがテーラー・システムによって生産性を向上させたわけだ。ところが、当時のソ連においては生産力が低い、農業危機が連続している、そういう状態のなかでスターリンがだな、「アメリカのテーラー・システムに学べ」と、「アメリカの仕事のスタイルに学べ」ということを言ったわけだ。それと同様に、今日のフルシチョフは、自分のソ連の国の生産性が高まらないのはなぜか、というかたちに問題を提起しないでだな、いや提起できないんだ。……［テープが途切れている］

えー、いままでは一応、これからわれわれの理論をどうつくりあげていくか、あるいはわれわれの理論の本質的な問題はどこにあるのかという一般的な話をし、これからどう勉強していったらいいかということをやったわけなんだけども、そしてわれわれの理論を全面的に、短い時間のあいだで喋るわけにはいかない。すでに出ているいろんな本とか雑誌とかを通して理解していってほしいと思うんで、そのために僕たちのいままで出ているいろんな本を、現段階においてどう読みかえしていったらいいのかという読み方について若干述べ、そのあとでトロツキーの『過渡的綱領』を僕らがどう理解したらいいのか、という点にふれていきたいと思う。

『逆流に抗して』の核心

さしあたりまず、われわれの〈反帝・反スターリニズム〉の運動にかんして今まで言ったことを闘いの成果としてとらえるためには、やはり『逆流に抗して』〔第二版、こぶし書房〕というやつを読んでいってほしいと思う。

で、われわれは、俗流トロツキストにたいする批判をおこなってきたわけだけども、これは簡単におこなわれてきたわけではない。今日、西分派の最後的な絶滅を目前にして、西派に象徴されるところの俗流トロツキストにたいする批判、これをおこなっていかなければならないわけなんだが、そのためにはやはり、『逆流に抗して』の第Ⅱ章「革命的マルクス主義の旗のもとに」というところに書かれている「「反帝・反スターリニズム」のスローガンについて」ということの短い文章が、要するにわれわれの戦略がうちだされた最初のものである。

このことは『現代における平和と革命』の一九〇頁〔新装版二五二頁〕から以後とほぼ同じことが書かれているわけなんだが、こういう〈反帝・反スターリニズム〉というスローガンは、「反帝・労働者国家無条件擁護」というトロツキストの戦略にたいする批判としてうちだされてきた。この当時、これが書かれた段階においては、なおかつわれわれはプロ・俗流トロツキスト的であった。その意味においてだな、第Ⅲ章の「「反帝・労働者国家擁護」について」というところを読む場合にも、やはり限界があるというふうにはっきりつかんで、どこが今日のわれわれの立場と違うかということをつかみながら読んでほしいと思う。

スターリニズムとの闘いにおける民族主義的な偏向の問題にかんしては、第Ⅸ章の「スターリニズムとトロツキズム」というところの「反スターリニズム闘争の現段階」のところには、毛沢東主義とは何ぞやということ、その民族主義的な偏向がでてくる根拠をだな、論理的に書いてある。しかし十分に書かれていないんだが、毛沢東主義を批判する場合には、やはり、あれをやらなけりゃいけないな、『矛盾論』というものにたいする徹底的な批判を通過することなしにはできないんで、こういう『矛盾論』の批判というのは、やはり各S〔細胞〕、支部ないしは各大学のサークルで民青との対決という問題にふんまえながら、やはりちゃんと学習していってほしいと思うんだな。どこがごまかしかというのはきょうは言えないけども、いずれまたやるとするし、すでに頭の中にある人たちはだな、そういうことをだな、普遍化していく必要がある。

もう一つの問題としては、大衆運動主義の克服という問題が今日の学生戦線において一つの中心問題となっているわけなんだが、このことをやはり主体的にとらえかえすためには、共産主義者同盟ないしは社学同というものが、どういう組織論・運動論をもっていたか、ということをやはり明確につかんでおく必要がある。そのためには『逆流に抗して』の第Ⅳ章というのはきわめて不十分であるけれども、『組織論序説』［こぶし書房］の方の最初の、じゃない、『組織論序説』の終りの方の最後の文章の「革命的前衛党の創造のために」というやつの中の「破産した《共産主義者同盟》」とは何ぞやという項目・第Ⅱ章があるが、その点で小ブルジョア急進主義の論理的な把握をやっていってほしいと思う。

で、大体においてだな、今日の全学連の運動をやっている中心的なメンバーというのはともかくとして、中堅幹部というのは、すでに安保闘争の内部における闘いということを体で感じている人が少なくなっているという現状にあるわけだ。したがって、安保闘争の過程におけるブントの闘いとわれわれの闘いとの関係という問題について、やはりはっきりつかみなおす必要がある。そのことは、『学生戦線』の第二号*ですでに開始されているけれども、あれをさらに組織的にみんなの力でやっていってほしいと思う。

＊「米・ソ核実験反対闘争の推進のために」『ヒューマニズムとマルクス主義』（こぶし書房）所収

『組織論序説』について

『組織論序説』にかんして言うならば、まず一番最初の「日本革命的共産主義運動とわれわれの当面の組織戦術」というところの中心的な問題は、さっき話したようにわれわれの運動論が同時に組織論として展開されているということ。第二章の「パブロ修正主義との闘争」ということは、われわれの運動の出発点であり、そしてまた今日においては、全世界的な規模における第四インターナショナルの解体、そして新しいインターナショナルのための闘争とも不可分に結びついているわけだ。で、このパブロ修正主義の本質というのは、第六章「革命理論の創造と「規律違反」の問題」というところの、一番はじめのAのところで「俗流トロツキストの生産力論的偏向」。この生産力理論的偏向というものが克服されないかぎり、フルシチョフの路線あるいはトリアッチ派のバルガミヌッチという野郎たちのだしている生産力理論を克服することは決してできないわけだ。

とくに重要なのはだな、B、Cという問題。「「無条件擁護」論者のプロ・スターリニスト的まやかし」というやつ、第六章のB。このBのところでは、一九五三年においてキャノン派とパブロ派とが分裂した当時における論争、キャノン派の方が正統派トロツキストであり、パブロ派の方が徹底的に社民化している、しかし正統派トロツキストといわれるところのキャノン派もまたおかしいということがだな、このBのところではっきりいいうるわけだ。それから、とくに重要なのは、「パブロ修正主義の発生根拠は何か?」というCである。ここにおいては、パブロ修正主義というやつが社会党没入、社会党・共産党へ加入戦術をとる場合のメルクマールは、社会党・共産党がどっちが多く労働者に影響があるかということで判断するわけだ。

一九五七年の四月頃、第四インターナショナルの本部からの通達によるならば、日本においては総評というものを握っているのは社会党であるから、社会党への当面の加入戦術の方針をとるべきだ、という指令がきたわけなんだけども、これにたいして、戦闘的な、最も戦闘的な部分はやはり代々木に加入しているんだから、代々木共産党の最左翼部分をわれわれの立場でぱくるということを当面の課題とすべきである、という修正案をわれわれは出したわけだ。で、一応この修正案は第五回大会、五七年の十一月の第五回大会で認められたわけなんだが、しかし、そういう代々木共産党、スターリニスト党への加入戦術は短期的展望のものであって、長期的にはやはり社会党へ加入すべきだ、という方針を太田竜がもちかえってきたわけだ。この短期的というのは、わずか半年ばかりのことであったということが後から分かった。五八年の五月の或る段階で、すでにわれわれは社会党への加入戦術の段階に突入した、というパブロの指令がきてるわけだけども、それはわれわれは蹴っ飛ばした。

こういうこととつながってだな、反《アンチ》ド・ゴール闘争における、このパブロ修正主義者が何事をもやらなかったということ、それから日本における社会党への加入戦術方針の提起、そういうような問題を軸としながら第一回の分裂がおこなわれていったわけなんだ。このパブロ修正主義の発生根拠という問題は、第四インターナショナルの腐敗、その分解という問題として、現在的にもう少し掘りさげていかれなければならない問題だ。

そういうパブロ修正主義の発生根拠を組織論的に明らかにした立場からして、第七章の「当面の組織戦術」というかたちにおいて、反スタ戦線が四分五裂をしている状況をいかに突破するか、そして労働戦線においてはいかに組織づくりをやっていくのか、反幹部闘争をひとつのバネとしてやっていくというようなわれわれが今日とっている組織戦術の一般的な事柄は、すでにこの第七章のA、B、Cで大体において描かれている。だから、大衆運動主義という問題の前提として、やはりわれわれが俗流トロツキストからいかに組織路線において分裂してきたのか、という歴史的事実と理論的根拠をこの第I部の論文からつかみとってほしい。

第II部にかんしては、これはさっきも言ったけども、安保闘争における全学連の闘いとその内部におけるマル学同の「寄生虫」*的存在、この「寄生虫」の論理ということをもう少しね、つかみとっておかなければ、執行部をとっていない各大学における闘争という問題を有効に実現しえないわけだ。だから、この○○地方においてわれわれの運動がデッドロックにのりあげたとは言わないけれども、あまりはかばかしく前進しないということは、一方においては、大衆運動主義からの訣別がなされていないと同時に、「マル学同としての学生運動」**というかたちに学生大衆運動を歪めている傾向、この二つがあるわけだな。マル学同としての学生運動、学生大衆運動ではなくマル学同としての学生運動というものを主張する部分と、大衆運動主義から完全に決裂していない部分、これが対立しているということからして、はかばかしく組織的な伸びをかちとることができないということになってるわけだな。

＊　全学連第十六回大会（一九六〇年七月）において清水丈夫に指導されたブント系学生がマル学同系学生に貼ったレッテル。『平和の創造とは何か』（こぶし書房）九四頁参照。

＊＊『日本の反スターリン主義運動 1』二二四〜二二七頁を参照。

そういう欠陥を克服するためには、やはり安保闘争のなかにおける全学連の闘いの決定的なる意義、これをつかむと同時に、なぜその全学連の運動を指導した共産同が破産しなければならなかったのか、そして「寄生虫」とまで言われた——これはあだ名だとは思わないけどな、名誉だと思ったけども——、「寄生虫」と言われたものがついに命取りとしてはたらいたというこの関係を、たんに事実として認識するんじゃなく、それを論理的にわれわれは再反省していく必要がある、ということが第Ⅱ部の学生運動にかんすることだ。

これ以後に僕が学生運動にかんして書いたのは、『学生』という関西のコセックから出ている雑誌に載った「試練にたつ学生運動＊」、それから『六・一五／われわれの現在』というパンフレットだな、去年出たパンフレットに書いた「敗北と挫折の体験にふまえて＊＊」というようなのが、「六・一二五問題＊＊＊」というのが現実化される以前に書いたものとしてあるわけなんだけども、「六・一二五問題」以後について学生運動について論じたものは一つもない。わずかに『学生戦線』の第二号ならびに「《マル学同》の当面する組織的課題＊＊＊＊」というやつしか僕は書いてないわけだ。

＊「危機にたつ学生運動」と改題して『ヒューマニズムとマルクス主義』（こぶし書房）に収録。

＊＊　同右所収
＊＊＊　『革マル派　五十年の軌跡』第二巻（あかね図書販売）三四〜三七頁、『日本の反スターリン主義運動　1』三九六〜四〇〇頁参照
＊＊＊＊　『日本の反スターリン主義運動　1』所収

革命的前衛党創造の論理

組織的な問題にかんしては、さっきは純トロツキストというかトロツキー・ドグマティストの問題であったけども、第Ⅲ部の終りの方の論文〔「革命的前衛党の創造のために」〕の第Ⅰ章の中の「転機にたつ革命的左翼戦線」の内部では西分派の頽廃・凋落のことが書かれているから、第Ⅰ部との関係において、最後の論文の第Ⅰ章の三のAのところをつなげて読んでほしいと思う。

第Ⅰ章の三のBと第Ⅱ章は、要するに共産同というのはどういう本質をなしていたのか。問題は、ここに書かれていることをな、ただたんに理解するだけでなく自分自身の闘いとかみあわせることによってね、深めていってほしいと思うんだ。各地方で、あるいは関西で、あるいは九州で、あるいは北海道で、自分自身がたたかってきたわけなんだけども、そういう闘いと、

かつ過去一年半、もうほぼ二年になるかな、一年半ぐらいの全学連の運動とのかねあいにおいてだな、なぜ今日、われわれの内部における大衆運動主義、ブントの大衆運動主義ではなく、〈反帝・反スタ〉の立場にたっていながらも、なおかつ大衆運動主義というものをわれわれがうみおとしているのはなぜなのか、というふうな具体的な問題として考えていってほしいと思うんだ。

最後の「プロレタリア党のための闘争」というところにおいては、組織論のいちおう基本的な序説的な問題が書かれている。これについて「人間論が欠如している」というふうに柴田高好が言っているけど、その問題は『プロレタリア的人間の論理』をぱらぱらっとめくってもらえば、終りの方に「前衛党」というやつでゴチックで書いてあるんだな、あれを受けているわけだよ。だから、プロレタリア的人間の前衛組織と人間の変革との、そういう主体的な問題にかんしては、『プロレタリア的人間の論理』の一〇〇何頁かな〔一四七頁〕、左側か右か忘れたけどゴチックがあるから分かると思うな、あの辺をまず出発点として読み、それを受けたかたちでな、前衛党の本質論としての初っ端の方を読んでいってほしいと思うんだな。

この問題についてはいろいろ言われる。お前のところは革命をやんなくても組織をつくっていけばいずれはいいんだというふうに芳村三郎という男が批判したけども、よく文章を読めば、前衛組織は「共同体である」なんて書いてありゃしない。「共同体として意義をもつ」んであって、それを、現在的に、将来の組織的母胎を現在からつくりだしていくことが必要なんだ、ということを書いてあるんであって、そういう「として意義をもつ」というような言葉はだてに使われているわけではない。このことをやると大変だから言わないけれども、『資本論』の第一巻第一篇第一章第三節の価値形態論において、「使用価値が価値として意義をもつ」というような場合に使われている、ああいう gelten《ゲルテン》 als《アルス》 の論理を僕らは昔から使っているわけだ。

分からない人がいると思うけども、ちょっとした具体的な例で言うとだな、たとえば社会人である場合には山本なら山本という。ところが、組織においては西川というような規定性をうけとるわけだな。そういう、それぞれの場所において別の規定性をうけとるんだ。だからマル学同においては山本という男が西川として意義をもっている。西川というのはマル学同以外には通じないというかたちに、具体的なかたちにはなっているな。そういう場合に使うわけだ。いいかえるならば、実体は同じなんだけどもその規定性が違ってくる。それぞれの条件・現実、場所的な諸条件・現実的な諸条件、そういうものによって変ってくる場合に、そういう「として意義をもつ」というふうに使う。だから、今日の前衛組織というのは本当の革命的人間をつくりだす溶鉱炉・場であるわけだが、まさにそのようなものとして同志的な結合をつくりだし、将来社会の母胎をつくりだしていくという意味をもってるわけだな。そういうふうなことを理解しないもんだから、組織というものをつくりふくらましていきゃいずれはどうかなるだんべえ、というようなのは革命ぬきの何とか何とかと、まったくあきれた批判を芳村三郎という男がなしたわけだ。

ま、ともかくとして、その先のところには、要するに、われわれの反スターリニズム運動がうみだしたところの純粋トロツキストというか、もうトロツキストとはいえないようなそういう西分派の偏向と、それから共産主義者同盟のおちいった欠陥をふまえながら、どういうふうにわれわれは革命をやっていくのか。とくに現段階における特殊性としては社民およびスターリニズムの組織によってがんじがらめにされている、こういう現状のなかでどう組織をつくっていくのか。その場合にいろいろな戦術がとられなけりゃならない、というかたちで統一戦線戦術の問題とか統一行動の問題とか、それからケルンづくりの問題、それから戦争と革命、恐慌と革命というような問題が、いちおう原理論的に本質論的な問題で書かれているけれども、これを具体的な問題として具体的に展開していくことは残された課題である。

で、今日のわれわれの直面している問題は、いままでつくってきた組織にふんまえながら、その細胞を地区的に再編成していくという問題がでてきているわけだ。この問題については、現実の発展に即応したかたちでのわれわれの理論というのは、これからつくりだされなければならないわけだな。これにかんしては近くガリ版で出す*から、それを勉強してほしい。これは『組織論序説』の展開として書かれるべきものだけども、当面の問題についてしか書いてないけども。いずれ、細胞とは何か、依然として細胞活動とは何かということが分からないでもじもじ、もじもじしている人がいるわけなんで、細胞とは何か、細胞活動とは何か、細胞会議とは何か、それからフラクション活動とは何か、統一戦線戦術とは何か、それから当該の諸労働組合内部における活動はどうやるべきか、まあその辺までは書いたけどな、その先が書いてないんだけども、そういうかたちでの展開をいずれ、いずれと言っちゃまずいけども、大急ぎで、大急ぎでといってもまあ来年だな、こりゃ、やるつもりだから。

＊『党建設論』(通称「青パンフ」)。『日本の反スターリン主義運動 1』第Ⅲ部に「党組織建設論」と改題して所収。

その点はみんなもね、こういう理論にふんまえながら、自分で細胞活動とは何かと、細胞ってのは一体何だと、ぐちゅぐちゅ、ぐちゅぐちゅ言ってないでな。まず植物の細胞でも動物の細胞でも考えりゃいいわけだよ。真ん中にケルンがあって自己運動やってるわけだよ。だいたい自己運動できない細胞なんてナンセンスなわけだよな。そんなの細胞とは言わないわけだ。なぜわれわれの組織の基本的な単位が細胞と言われ、支部とか班とかと言わないで細胞と言うかというと、細胞は一つの有機体として自己運動をなす。ケルンがあるわけだな、それが細胞指導部にあたるわけだよ。原形質が細胞員にあたるわけだ。それで原形質がなけりゃ細胞をなさないし、核だけあったって駄目なわけだ。しかし、それが全体となると、大きくなると核分裂をおこなって細胞が二つに分裂していくとともに、原形質の方も二つに分かれていく。これはみんな、中学校かなんかで教わったはずだよ。

あの細胞分裂をひとつのイメージとして、てめえの組織をつくっていけばそれでいいんだな。そのためには、明確にだな、細胞員の内部における思想闘争をやることなしには自己運動できない。その自己運動をいかにやっていくか、そういうことがだな、積み重なって全国各地にそういう拠点が、全国各地って言っちゃまずいな、各産業・経営の中につくりだしていく。そしてそれの統一的な指導部をつくりあげていく、地区的に、地方的に、中央的に。そういう闘いを現在われわれがやっているわけだよ。そういう大体のイメージをもってだな、細胞の問題を追求していってほしいと思う。

だから、自己運動をなすという意味においてだな、『前進』なんかで発表されている論文、これは同盟の内外を問わず批判をしたってかまやしないわけだよ。ところが、これは或る一定のところでやっちゃいけないとか、こういう学習会でやるのは非組織的だとかなんとか言いふらしているのはナンセンスであって、これはわれわれの、田宮〔＝本多延嘉〕の言葉で言うと、「われわれの顔」なんだよ、新聞は。だからな、われわれがこういうふうに新聞をこう掲げてだな、*こういうふうに傷をもってると恥ずかしいわけだよ。「これが俺の顔だ」と言ったら、もう僕の顔はもともと悪いけどな、しかし、こうやってこれが俺の顔だというと、ああ、あすこは傷がある、と。まあ、アバタもエクボっていうこともあるからな、いいけども（笑）、こういう新聞じゃ困るわけだよ。だから、こういう欠陥についてはだな、同盟の内外を問わず大衆的に討論をまきおこして本当の理論をわれわれ自身の中でつくっていく、そのために細胞があるんだし、そして指導部があるわけだ。

＊　この時黒田は、ダーマト（紙巻き）鉛筆で赤く大きな×印をつけた『前進』第一〇七号（「アメリカはキューバから手をひけ」）を頭上に掲げた。

だから、当然、早稲田があああいう討議資料か何だか、キューバ問題にかんする見解を発表したということとは、早稲田の細胞が自己運動しているということの一つの表現、一つの表現であるわけだ。だから、本当に俺のとこもな、やれるかどうかと思うならば、各大学のSで、あるいは支部でな、討議をし、どこがおかしいのか自分自身で討議し、それを短い文章でもかまわない、俺はこういうふうに考えるというものをな、はっきりうちだす。そういうことをやっていくことがだな、革命闘争において指導部が吹っ飛んだ場合でも、大岡山コンミューンをな、擁護することになるだろうし、早稲田コンミューンもやることになるわけだ。

そういうことをね、逆立ちさせては決してならない。そのために、何ていうか、われわれの組織というのは民主集中制の原則に依っているんであって、上から下へという一方交通なんてのはナンセンスであって、下から上へというのが原則であるわけだな。全体として動く場合にはやはり上から下へがなけりゃならない。その上下関係が詰まるのをパイプが詰まってるとか何とか言うんだけれども、それが詰まっているのが代々木の組織だよ。代々木の規約には上部で討議した以外のものはすべて下部で討議してはならないという規約があるんだそうで、僕じしん読んでない。けれども、これは岡田新に聞いたわけだ、そういうふうになってんだよな。ところが、そういう組織論をわが同盟内部にもちこもうとすることにたいしては、われわれはヽ、ヽ、ヽ、ヽ、断固反対する必要がある。

Ⅳ　トロツキー『過渡的綱領』の意義と限界

　さて、次に『過渡的綱領』* にかんして若干言っておきたい。まず『過渡的綱領』にかんして言うならばだな、これに番号がついてないんだ。で、一応、僕の考えから番号をふったわけで、その点をやってほしいと思う。［一〇七頁の写真参照］

＊『資本主義の死の苦悶と第四インターナショナルの任務――過渡的綱領』姫岡玲治訳（リベラシオン社、一九五九年）。『トロツキー選集』第一〇巻（大屋史郎訳、現代思潮社）がある。

　いちばん初めの「社会主義革命のための客観的必要条件」というやつを、一番とする。それから二番目の「プロレタリアートとその指導部」というやつを二番とする。それから三番目の「最小限綱領と過渡的綱領」というやつを三番とする。これをAブロックと名づける。それからBブロックは八つあるんだな。「賃金のスライド制と時間のスライド制」というところから「労働者と農民との同盟」というところまで八項目あるわけだ。これをBブロックと名づける。

まあ、後でずうっと、持っている人は番号をふってもらえばいいけどもな。それから「帝国主義と戦争にたいするたたかい」、これをCブロックの一番、「労働者と農民との政府」というやつをCブロックの二番、それからその次の「ソヴィエト」というやつをCブロックの三番、こういうふうに名づける。その次の「後進国と過渡的要求の綱領」というのをDと名づける。それから「ファシスト国家での」云々〔「ファシスト国家での過渡的要求の綱領」〕というやつをEと名づける。それから「ソ同盟と過渡期の問題」というやつをFと名づける。「日和見主義と無原則的な修正主義反対」をG、「セクト主義反対」をH、それから「婦人労働者・青年労働者」何とか何とか〔「婦人労働者にみちをひらけ！　青年にみちをひらけ！」〕というのをI、「旗のもとに！」〔「第四インターナショナルの旗のもとに！」〕がJ、こういうふうに僕は分けたんだ。こういうふうに分けてみると、かなりアットランダムに並べられているということが分かるだろう。

「橋渡し」としての過渡的綱領

大体のAブロック、つまり一頁から二頁〔『トロツキー選集』第一〇巻、二四三～二四六頁〕にかけてのAブロックにおいては、この綱領が書かれるべき前提的な序説的な意味をもっている。

しかし、Aブロックの一番目の欠陥ということにかんして言うならば、これが書かれたのは第二次世界大戦の前夜であった、にもかかわらず、そういう第二次世界大戦がまきおこるという予感・危機感というものが欠如しているということが、一つの重要な問題だな。それと同時に決定的に重要な問題は、社会ファシズム論によるドイツ革命の敗北の教訓がなんら主体化されていないということ。第二番目としては、人民戦線戦術にたいする批判、そういう立場が欠如しているということ。この二つが決定的な欠陥であると僕は考える。そして、もっぱらスターリニスト党は悪い、プロレタリアートとその指導部をうちたてることが必要だというかたちに、過去の総括を十分におこなうことなく、いいかえるならば、第三インターナショナルの腐敗の根拠、その戦略・戦術、組織的な根拠にふまえることなく、Aの二が書かれている。「プロレタリアートとその指導部」において書かれている。

もちろん、『レーニン死後の第三インターナショナル』〔現代思潮社、一九六一年〕などにおいてはスターリニスト党の綱領の批判はもちろんなされているわけだ。なされているんだけども、こういう第四インターナショナルという新しい組織をうちたてるための綱領の最初には、やはり、なぜうちたてなければならないのかというのを、プロレタリアートの指導部がないんだというかたちでだな、書きだしがそうだろうな。現代における何とかの危機は党指導部がない

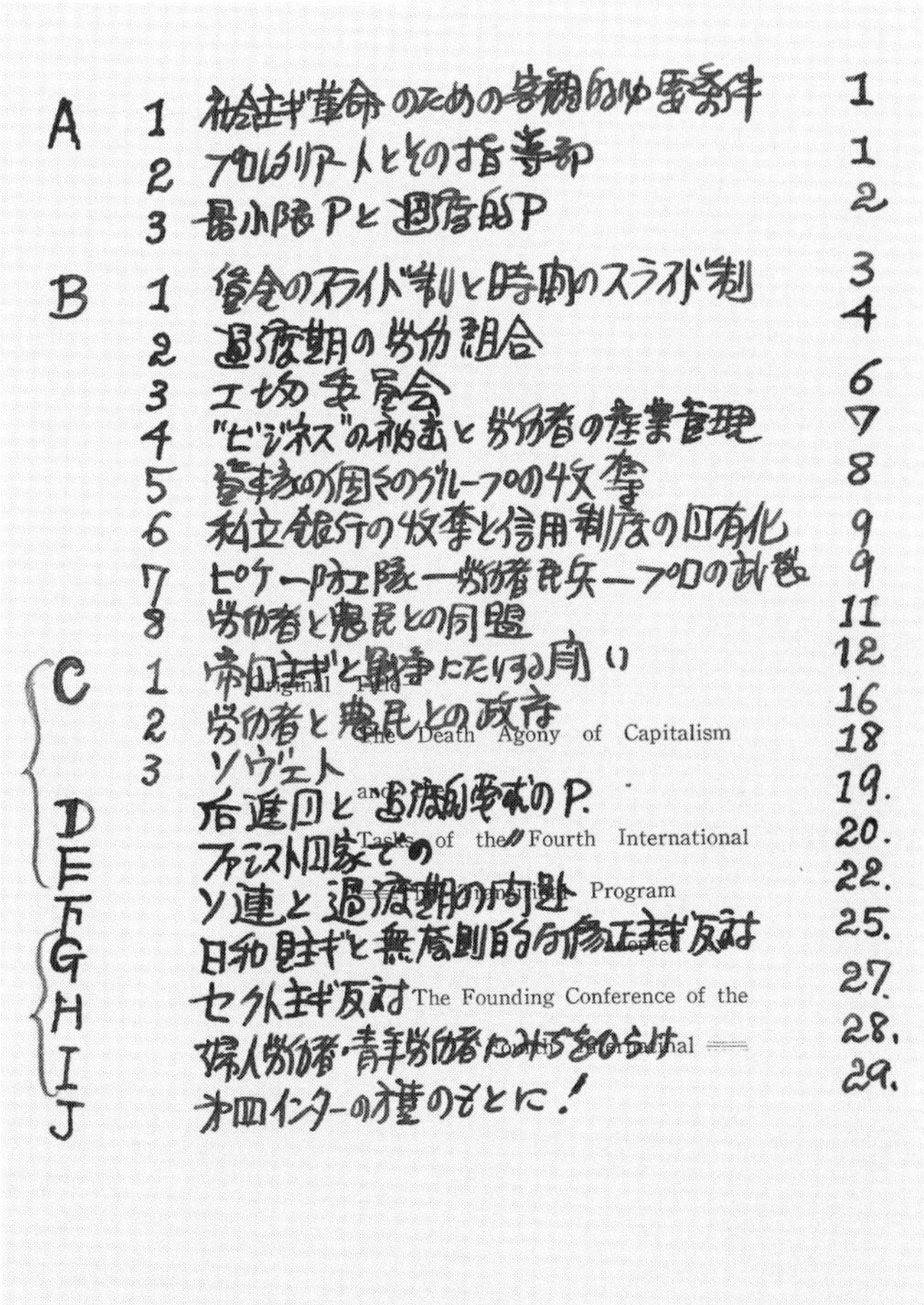
A 1 社会主義革命のための客観的必要条件 1
2 プロレタリアートとその指導部 1
3 最小限Pと過渡的P 2
B 1 賃金のスライド制と時間のスライド制 3
2 過渡期の労働組合 4
3 工場委員会 6
4 "ビジネス"の秘密と労働者の産業管理 7
5 資本家の個々のグループの収奪 8
6 私立銀行の収奪と信用制度の国有化 9
7 ピケ-防衛隊―労働者民兵―プロの武装 9
8 労働者と農民との同盟 11
C 1 帝国主義と戦争にたいする闘い 12
2 労働者と農民との政府 16
3 ソヴェト 18
D 後進国と過渡的要求のP. 19.
E ファシスト国家での 20.
F ソ連と過渡期の問題 22.
G 日和見主義と無原則的な修正主義反対 25.
H セクト主義反対 27.
I 婦人労働者・青年労働者にみちをあける 28.
J 第四インターの旗のもとに！ 29.

Original Title
The Death Agony of Capitalism
and
Tasks of the Fourth International
Program
The Founding Conference of the
Fourth International

姫岡訳『過渡的綱領』の表紙の裏に記された黒田直筆の「目次」

ことに象徴されるというような書きだしなんだけども、なぜないのかという、この過去への反省にふまえたかたちで提起されていないということが、Aの一番、二番の欠陥であるというように僕は考える。

それから、Aの三番目にかんしては、さっき述べたところの過渡的綱領というものの意義が説明されている。最小限綱領からの橋渡し、プロレタリアの究極的目的への橋渡しがここで書かれている。だから、最大限綱領・最小限綱領および過渡的綱領というもののつながりをこのAの三で把握してほしいと思う。

B以下に書かれていることは、かなりあっちこっち、過渡的な要求というけれども、過渡的な要求と、プロレタリアの権力を握ることなしにはできないようなそういう要求とがね、かなりこう、ぐちゃぐちゃ、ぐちゃぐちゃ並べられている。

賃金スライド制と時間のスライドという問題にかんして面白い話があんだな。パブロだったと思うんだ、キャノンだったかどっちだったか忘れたけども、トロツキーはその『過渡的綱領』において賃金スライド制の問題を提起したけれども、「今日この賃金スライド制というトロツキーの掲げた過渡的な綱領はＩＬＯ〔国際労働機関〕のなかで実現されている」というようなことをだな、第四インターナショナルの歴史の総括かなんかで書いてたと思う。そういうふうにトロというのは頭がトロくなっている。これじゃまずいわけだな。

労働組合・工場委員会・ソビエト

「過渡期の労働組合」ということにかんしてはだな、「労働組合にたいする物神崇拝」を断固として克服しなきゃいけないということが五頁目の左の上の方に書いてある。この労働組合に関連しては次の項目に出てくるところの工場委員会との関係において、さらに僕らとしては深く研究していかなければならない未開拓の分野であるわけだ。

ロシア革命においては、労働組合というものはなかったわけだから、労働組合をつくりだすということそれ自体がきわめて大きな闘いの意義をもっていたわけだ。しかるに、ヨーロッパや今日の日本においては、労働組合はダラ幹の巣、巣窟というかたちになっている。こういう労働組合にたいしてはどうたたかうかということが、ひとつの決定的な問題である。左からの分裂、これは括弧つきの「分裂」だけども、右翼的に分裂するのは民社だけども、左からの分裂という戦術をもわれわれは絶対無視しえないわけだ。しかし、これは時と場合によるんであって、この点はかなり具体的な状況に即したかたちでやっていかなけりゃならない。具体的には、労働組合がダラ幹に握られていて、自分の、下部の要求が通らないというような場合には、自然発生的にすら、今日、戦後日本においてもストライキ委員会というような機関が労働者の自然発生的な創意のもとにつくられたことが二、三回あるわけだ。そういう経験というものをわれわれはなお普遍化してはいない。既成の堕落した労働組合を良くしていくために、こういうストライキ委員会というようなものが、工場委員会ではなくストライキ委員会というようなかたちでつくられているわけだ。

で、すでに『前進』なんかを読んでいる人たちは分かると思うけども、たしか一〇三号か四号あたりに、新日本工機の闘いが出てたな。あの中に面白いことがあるだろう。「労働組合を強める会」、と。そしたら向こうで「守る会」というわけでね、やってきた。ああいう二回連載になっているあの闘いというのを、われわれは非常に大きな闘いの教訓として主体化する必要があると僕は考える。あの闘い、ああいう闘いを積み重ねていくことなしには、労働組合がパーだと言ったってなかなかできないわけだな。「労働組合を強くする会」というと∧反帝・反スタ∨の路線が通らないから、こりゃまずいんじゃないかなんて遠慮する必要はないんだ。

北海道においては、たとえば「現実問題を語る会」というのがあるんだよな。こりゃあ、とにかく「現実問題を語る会」とは大雑把だけどな、教師もいりゃナニもいる、みんなで学習もやる、そして現実問題を語りながら反スタをぶっこんでMWやMSの方向にもっていくという、こういう学習会とも政治的な会議ともつかないような、そういうかたちのな、研究会ともいわない、何とかいう組織だな、要するに。そういうわれわれの組織以前の、いわばわれわれの組織をつくる土壌をつくりだすための、そういう「現実問題を語る会」というのをもつくってるわけだ。それから学生の場合には、何月の「大管法共闘会議」というのもそういうかたちに、一つにあたるわけだな。

それからサークルというような活動もだな、無視しては決してできない。西分派がちょこちょこ、ちょこちょこいるというのはね、たいていの場合、或る一定のサークルを握っているからだ。民青が伸びてるというか、まだ死に絶えないというのは、法政なら「哲研」みたいなところで固めちゃってるわけだろ。馬鹿の養成所をやってるわけだ。そういう馬鹿の養成所をな、割り込んでいって、それが難しいけどな、サークルというものも決して無視してはならない。活動家の一つのプールになるわけだな。そういうのにたいしてどう働きかけるか、ということもちゃんとやる。去年は全国社研連［全国学生社会科学研究会連合］というものをやるっていうんで、全学連十八回大会、だいぶ空気が入っていたけども、十八回大会終ったら、全国社研連の「ぜ」の字も聞こえなくなっちまった。こういう事態にたいして、やはりね、僕たちは反省して対策をたてていく必要があるけれども、たんに全国社研連という形式的な枠をつくっただけでは駄目なんだな。それぞれの各大学の社研というものを強めて、それの連合体としてつくりだしていくという構えをとって、長期的展望でやっていかなきゃならない。それは、労働組合内部にストライキ委員会・工場委員会をつくりだすという闘いと、やり方としてはまったく同じことであるわけだ。

工場委員会にかんしていうならば、僕自身がよく勉強していないし、ヨーロッパの一九二〇年代にどういうふうなかたちで工場委員会がなされていたかという歴史的事実についてあまりよく知らん。しかし、コミンテルンの第二回大会に「労働組合および工場委員会にかんするテーゼ」というのがあるわけだな。これは、マル青同の方でガリ版に切ってみんなで勉強しているわけなんだけども、これは非常に役立つ本だ。労働組合活動をどうやっていくのか、そして労働組合が腐敗しきった場合には左翼的に分裂するということをも恐れてはならないというようなかたち、そしてこの自主的な労働者の機関として工場委員会をつくっていくというふうなことがだな、そんなに長くはない論文で「労働組合および工場委員会にかんするテーゼ」というやつも、やはりコミンテルンの成果として僕たちは受け継いでいかなきゃならないと思う。

ところで、この工場委員会とソビエトとの関係は一体どうなのかという問題が、なお理論的にはっきりしているわけではかならずしもない。で、これを工場委員会の方は計画経済をやり、ソビエトの方は政治的な問題をやるというふうに形式的に分けるわけにもいかないんだ。この点は僕自身分からないし、今後、ロシア革命における経験、しかしすでにレーニンは一九二一、二年頃からソビエトをぶっこわしちゃったんでむさいんだけどな、そういうことを念頭におきながら、ロシアにおけるソビエトと、工場委員会と労働組合というものの相互関係を掘りさげていく必要がある。

生産管理・国有化、労働者の武装、統一戦線

このBの四番目の「「ビジネスの秘密」と労働者の産業管理」というところにかんしては、やはり工場委員会との関連において、労働者による生産管理の問題をさらに深めていかなきゃいけない。計画経済の問題は理論的にまだはっきりしているわけではないけれども、計画経済を、労働者的計画経済をおしすすめていくための実体的基礎はソビエトにあるわけだが、そしてそのソビエトがどう管理していくのか。

で、今日の大正炭鉱の問題にかんして谷川雁は「工場占拠」をだすのにたいして、長船［長崎造船社会主義研究会］は「生産管理」というのをだす、と。しかし、生産管理なんてできっこねえわけだよ、現段階において。で、この工場占拠ということをやった先をどうやっていく

のか。もちろん、それが炭労の全国の闘いとして産業別に横へ拡大されていかないで、地方的にあそこで単発的にやられるにすぎないという現状そのものを克服していく、というふうに目玉がいけばまだいいんだよ。ところが、そういうふうにいかないで、ラディカールにあそこだけでたたかってしまう。そうすると、そこには炭労の闘いを克服していくための前衛組織、炭労の中に本当の革命的なケルンをつくりだしていくというような闘いがぬけていってしまう。

その次のBの五番目の「資本家の個々のグループの収奪」ということにかんしては、西分派がよくもちだすところの国有化の問題が書かれているわけだ。しかし、この点をね、ようく読むならば、「国有化」のスローガンが権力の奪取との関係においてはっきり書かれているということは、八頁から九頁〔『選集』二五七頁から二五八頁〕にかけてのワン・パラグラフにはっきり述べられている。万年、この「国有化、国有化」というふうに言っているのが西分派だけども、それと同様に言っているのがイタリアのトリアッチ主義者である。だけども、トロツキーは明らかにここでは権力奪取との相互関係において、国有化の問題が八頁から九頁にかけて書かれている。そればかりでなく、九頁の下段、すでにBの六に入っていくけども、銀行などの金融機関の国有化の問題につながって展開されていくところの九頁の下段全体にわたっても、明らかに権力との関係において、この国有化の問題が提起されているということをわれわれは見失ってはならない。

そういう革命的な情勢というやつからはずして「国有化」を一本槍で言うと、国家資本主義を強める以外の何ものでもなくなってしまうわけだ。で、一九五八年のメーデーのスローガン、スローガンじゃねえメーデー・アピールというので大論争をやったんだけど、結局、「炭鉱国有化」というかたちが通っちまったんだな。「国家資本主義を強めることになってどうすんだ」と言ったんだけども、要するにトロツキストは、『過渡的綱領』というやつに書いてあるように「国有化」のスローガンはつねにかならず出すべきだ、という公式主義でやってきたんだけれども、権力奪取から切り離された国有化論がいかにマンガであるかということを、この八頁の終りの方から九頁の下段を、はっきりつかみとってほしい。

Bの七番目の「ピケット・ライン――防衛隊――労働者の民兵――プロレタリアートの武装」という問題が書かれている。これは、革命をやるための原則であるけれども、このなんつうか、防衛隊とかいうような問題を前衛党としては、つねにかならずそういうことを意識していなけりゃならない。自衛隊の内部にわれわれのケルンをこしらえるのはどうするか、しかし自衛隊が今日サラリーマン化しているといわれているけども、こういうのは一体どうなのか。革命情勢をぬきにして自衛隊対策を考えることはナンセンスだが、しかし革命情勢がない場合にも自衛隊対策もわれわれは考えなきゃならない。これは、もう少し前衛党としてだな、強化された段階で意識的にとりくまなきゃならないんだけども、ハンガリア革命のときの状況というのをね、この前スライドやったらしいけどな、ああいうのをイメージとして描けばいいんであって、われわれがこれを直接現段階において、大衆の前でやるということはナンセンスなわけだよ。その点をね、前衛党がつねに大前提として考えてなければならない問題と、現実に今すぐやるべきこととのあいだの関係をね、やはりはっきりつかんでおく必要がある。しかし、コミンテルンというような場合には、やはりこういう問題はね、ちゃんとおさえておかなけりゃならないという意味で、ここにこういうふうに書かれているわけだ。

Bの八番目の「労働者と農民との同盟」というやつは、労農同盟といわれるもので、スターリニストが労働者、農民を同列化するのにたいして、トロツキーが「そうじゃない」と。プロレタリアートのヘゲモニーのもとでおこなわれなければならないという点を軸としていくわけなんだけども、このことは、Cの二番目、頁で一六頁〔『選集』二七二頁〕の「労働者と農民との政府」ということでも書かれている。「労働者政府」というスローガンが基本であって、農民は同盟軍、統一戦線的なものとしてひきよせられるんだというトロツキーの基本的な立場、一九〇五年の『結果と展望』の段階からのトロツキーの立場。このトロツキーはよく「農民を無視している」というふうにとらえられるわけだけども、それは重点のおきどころの問題であって、トロツキーは統一戦線・同盟の問題についての理論的解明というよりも、むしろヘゲモニーの観点をぎゅっと前に押しだすから、そういうスターリニスト的歪曲を許す危険をはらんでいる。この点は、具体的な、今日は農民といっても農業プロレタリアートというのが現存在しているわけであって、労働戦線の統一という場合には諸産業のプロレタリアート、そういう農業プロレタリアートとの統一ということになるわけだし、そういう点を軸としながらホワイトカラーの問題なんかも今後具体的に分析していかなきゃならない。そこまで手がまわらないというところにわが同盟の弱さというものもあるわけだ。

戦争と革命、「労働者・農民の政府」

で、Cの一番、「帝国主義と戦争にたいするたたかい」。ここにおいては「帝国主義戦争を内乱へ」というようなレーニンの基本原則の立場からいろいろなスローガン、「軍備縮小」「中立」「祖国防衛」というようなスターリニストおよび社民のスローガンにたいする批判的評註がなされるとともに、重要な問題はだな、一四頁〔『選集』二六九頁〕の下段にあるわけだ。「戦争反対の問題」と「青年の革命的動員」、「労働者による軍需産業の管理」、そういう国有化と労働者管理、戦争の危機というものにたいしてどう対処するか、という問題がここで書かれている。この国有化は、前の八頁のところと関連して一四頁の下段をはっきりつかみとってほしいと思うな。

一五頁〔『選集』二七一頁〕にかんしては植民地革命について書かれているけれども、今日の俗流トロツキストは、みんなも知っているように「労働者国家無条件擁護・植民地革命無条件擁護」というかたちでやっているけれども、トロツキーは決してそうではない。たとえば、一五頁の下段の左から一〇行目あたりの最後のパラグラフだな、ここを読んでもらえば分かると思う。ここんとこはスタ官の問題から発展して植民地の問題にいっているわけだな。トロツキーのこの綱領においては、二四頁〔『選集』二八八頁〕にも出てくるようにだな、決して「労働者国家無条件擁護」というのが先にあるわけではないわけだな。二四頁は下段の右から六行目ぐらいから書かれているのは「スターリニスト官僚打倒」だな、二四頁の下段の右から六行目。それから一五頁の左の方のパラグラフ全体、ここではスターリニスト官僚打倒ということを決して軽視してはいない。ソ連防衛というのは、そういうスターリニスト官僚打倒との関係においてトロツキーは提起しているんだということを逆立ちさせてはならない。この論理、一四頁の、および一五頁および二四頁のこのトロツキーにおける反スタというものをもう一度つかみなおして、西分派の奴らと喧嘩するのに都合がいいと思うな。

Cの二番目、「労働者と農民との政府」というやつは「通俗的な名前」にすぎない、「通俗的な名前」にすぎないものをだな、原理化しているのがスターリニストだということが、下段の右の方に書かれているわけだ。この労働者・農民の政府といっても、ヘゲモニーは労働者にあるんであって、一般的なスローガンとしてなら通俗的なのはいいんだけども、トロツキーの場合は本質と現象するところの統治形態との関係をはっきりつかんでいない。プロレタリア独裁という本質は労働者と農民の統一戦線的な政府、統治形態というかたちにもなる場合もある。そういう本質と統治形態との、権力の本質と統治形態というこの弁証法的な関係をはっきりおさえてないから、スターリニストと同じ土俵の中で「通俗的な名前にすぎない」とかいうようなかたちでしか批判できないわけだ。これはまずい。だから、この場合にも、国家論をはっきりつかんでおかなきゃまずいということがあらわれてくるな。国家論にかんしては『社会観の探求』〔増補新版『社会の弁証法』〕の一一三節から一一五節あたりを読んでほしい。

それから、いままでは「労働者・農民の政府」というふうに言っているにもかかわらず、その母胎が、その組織的基礎がソビエトだというかたちになるべきなのにかかわらず、Cの二番ではスローガンの論争をやって、Cの三番としての「ソヴィエト」というかたちで、ソビエトとは何ぞやというかたちで述べられる。で、こういうふうに書かれるとだな、最初の工場委員会というのがBの三番で述べられたんだけども、そういう工場委員会とソビエトとの関係、それからプロレタリア独裁の権力との関係という論理的な関係が、ここでは不明確だ。

ところが、そういうプロレタリア独裁の権力の問題と直接つづいて今度は後進国における過渡的要求のスローガンという問題に直接的にいっているわけだな。こういう、何というか、まず、おそらくトロツキーの頭では、Cの段階においては資本主義国における革命のことを考えているんでしょうよ。それから、その次には、Dのとこでは後進国における革命のことが考えられ、そしてその次にはファシスト国家での問題、と。これは、ファシスト国家というのが後にきて、植民地が先にきているというのは理由は分からない。ファシスト国家というのはブルジョアジー独裁の一つの形態であるにもかかわらず、これは、後にきたというのは、理由は分かんないけども、とにかく当時ヒットラーのナチズムとムッソリーニのファシズムが荒れ狂っていたということからして補足的につけたんだろうと思うけども、しかし、これは資本主義国における革命との連関において植民地革命の前にだすべき問題だと思うけども。

ソ連＝「堕落した労働者国家」

それから、最後に、「ソ同盟と過渡期の問題」、Fと。ここにも「ソ同盟」とちゃんとなっているんだ。きのうも話したら大笑いだったけどな。ソ同盟というのはユーゴ共産主義者同盟綱領ができる以前は、全部「ソ同盟」と書いてんだよ。で、ユーゴが修正主義に転落したんで、ユーゴ共産主義者同盟とまぎらわしいんで、今度はソ同盟を「ソ連邦」というかたちに、このユーゴ共産主義者同盟綱領が出たその年、一九五八年の四月だったか何かに『アカハタ』の宣言によって、一夜にして全部呼び名が変ったんだよな。で、これは依然として過去のスターリニスト的用語としての「ソ同盟」という言葉が使われたけど、今日ではこれを「ソ連邦」と言う。どっちだっていいよ、USSRだよ、要するに。

で、このFのところにかんしては、いろいろ問題がある。「堕落した労働者国家」であるというのが、何頁になるかな、二三頁〔『選集』二八五頁〕ぐらいのところの上段の第二パラグラフ。堕落したといえどもこれは労働者国家、これは社会的判断だけども、なんだっけな、なんとかだと書いてある、政治的判断か、もう一つは。そうだな、政治的判断としては官僚制だ、と。こういう分け方、形式主義。社会的にはこうだ、と。これはね、伏線としては、ロシアにおける革命は社会革命ではなく政治革命だ、というふうな『裏切られた革命』の終りの方の結論とみあっているわけだ。こういう、生産手段の国有化はいいのよ、というわけで向こう側へおっぺしちゃって、国有化された生産手段の官僚主義的性格というのをトロツキーは無視するわけだ。国有化された生産手段の官僚主義的性格というのをトロツキーは無視してしまう。それは、社会的なものはいいんだよ、国有化されてるのはいいんだよ、と。ただカサブタがいけないよと、このカサブタがスターリニスト官僚だ、こういうトロツキーのとらえ方というのをね、やはりちゃんとつかまえておく必要がある。

このことは『裏切られた革命』の第三章だったか第五章だったたか忘れたな〔第三章〕、「労働者国家の二重性」というのがあるな。この「労働者国家の二重性」とトロツキーが言う場合には、一方は「社会主義的な要素」、つまり生産手段の国有化というのは「社会主義的要素」、しかし、等量労働交換とははっきり言ってないんだけども、「労働の量・質による分配」が残っているという意味では「資本主義的要素」だ、と。これは松村一人の弁証法と同じだよ。「社会主義的要素と資本主義的要素がくっついたのが労働者国家の二重性」、こういうふうに言うんだな。しかし、そういうふうなプロレタリア国家権力によって規定されているところのもの、ブハーリンが擬制的労賃制と呼んだんだけども、そういうものを「資本主義的要素」なあんちゅうかたちでごまかすわけには決していかないわけだよ。ところが、トロツキーはそれを「二重性」というかたちでごまかした。

たいてい「二重性」という言葉を使う人は眉つばもんだというふうに思っていいよ。「労働過程の二重性」「生産力の二重性」「使用価値の二重性」、これはもう戦後直後、非常にはやったんだけども、今日では「労働者国家の二重性」、こういうのがくる。こういう二重性というふうに言うとね、ああ「日本経済の二重構造」とな。こういう、弁証法的につかめないで、インチキ論理だな。その場合、二重、二重と。「二重うつし」という悪口があるけどな、ああいうやつになっていく。トロツキーのこの二十何頁〔『選集』二八五頁〕かの上段のところの把握のしかたというのは、やはり『裏切られた革命』の第三章ないしは第五章との関係においてとらえかえしてほしいと思う。

それから、さっき言ったところの二四頁の下段の右側から六行目あたりのところでは、要するに重要なことが書いてあるな。スターリニスト官僚打倒の問題。スターリニストと結ぶ場合もあるだろうけども、やはりスターリニスト官僚打倒なんだ。かなり無理な論理がここに展開されている。ソ連邦の防衛というのは、その頁の上段の左から四行目あたりの真ん中に、「ソ同盟（ソ連）の防衛」というふうな言葉があるな。それから、二四頁の下段の左から四行目あたりに「スターリニスト官僚独裁」と、「独裁」という言葉が使ってあるわな。トロツキーにおいては、もともとはロシア語ではっきりしないんだけどもね、『裏切られた革命』においても「独裁」という概念とautocracy《オートクラシィ》「専制」という概念とは、はっきり使い分けがしてあるよな。

全部調べないとよく分かんないんだけども、山西訳って、これでたらめなんだよな。だから、英語の勉強をするつもりでだな、山西は何を独裁と訳したか、というのを拾って歩くのもいいことだ。autocracyというやつも独裁、dictatorship《ディクテイターシップ》というやつも独裁、何でも独裁（笑）、マルクス主義知らない、そういうことなんだよ。で、マルクス主義を知らないときに翻訳がそういうふうになるということだな。だから、翻訳なんていうのはだてにできるもんじゃないんだよ。

この「社会的な不平等」と、この最後のね、二五頁〔『選集』二八八〜二八九頁〕の上段というのは、ソ連邦における具体的なスローガン、「平等な賃金を」、なーんてな具合で平気で書いてるけどね。この点はやっぱり経済学が弱いということとなんか関係あるんじゃねえかと思うんだけども、この点はソ連論として『裏切られた革命』をしっかりやっていかなきゃならないから、ここではちょっとんばかり、言うことはできない、簡単には。

で、「日和見主義と無原則的な修正主義反対」という、まあ、当り前のことが書いてある。ここでは別に言うことはないだろう。

それから「セクト主義反対」というのがH。だいぶエッチだな、こりゃ。セクト主義反対というのもね、あんまり変に理解しちゃ困る。いままでのマル学同はセクトだったから、今度はセクト主義はうまくねえというんで、ずぶずぶずぶと、こういっちゃう。この、ずぶずぶといったりな、セクトにいってしまうってのも、もう少し頭を働かせてな、批判すべきときは批判するのはセクトじゃないんだよな。批判すべからざるときに批判して、こう固まるのがセクトなんだよ。批判することがつねにかならずセクトだというふうにはかぎらない。だから、党派性を貫徹するということとセクト主義とは違うということをね、もう一度頭の中でね、考えなおした方がいいと思うんだな。統一行動をやるということはセクト主義の克服なんだけども、統一行動をやる場合に、マル学同ないしは全学連の党派性を貫徹するという問題をぬかしたらナンセンスだ。もう少し、大衆運動の内部におけるマル学同の独自活動とは何か、全学連的党派性を貫徹するとは何か、ということをセクト主義と混同してはならないということを、まあ、グリコのおまけでつけ加えておく。

で、Iとして「婦人労働者に道をひらけ！」と。まあまあ、全部よく並べたもんだけども、これはまあ、「米・ソ核実験反対」は杉並のおばちゃんからやる、というような根性から書いたわけではないと思うけども。しかし、たとえば静岡のマル学同の諸君がな、焼津へ行って、焼津のおばちゃんたちとイデオロギー闘争をやって、焼津の原水協では「米・ソ核実験反対」をとった*、と。こういう闘いはな、やはり貴重な闘いなわけだ。だから、われわれは余裕があるならばな、そういうかたちでおばちゃんたちをこちらに引きつける。もちろん、彼らの場合には船員組合に関連して民社であるかも知んないよ。民社であるけれども、原水協の内部においては一つの力となる。そういういろいろな政治的判断にふまえて、今後やっていく必要があるわけだ。

＊　原水協で「米・ソ核実験反対」の決議を採択したのは、アメリカのビキニ水爆実験によって被爆した第五福竜丸の母港・焼津の原水協と東京・田無の原水協など。

で、「第四インターナショナルの旗のもとに結集せよ！」というふうに書かれているけれども、さてどっこい、スターリニスト党をどう解体するか、革命的解体のための組織戦術なしにだな、ただたんに、「民主集中制の原則」と「行動における統一と批判の自由」というような……［テープはここで終っている］。

（一九六二年十一月二十三日）

一九〇五年革命段階におけるレーニンとトロツキー

レーニンの『民主主義革命における社会民主党の二つの戦術』という本の検討を「一九六七年」五月十七日におこない、六月十六日にその総括をおこなった。そして、この総括と同時に、新書版の『結果と展望』〔『一九〇五年革命・結果と展望』現代思潮社、一九六七年〕に「解説」として載せられている対馬忠行の「トロツキー永続革命論について」という短い論文をも検討した。この二つについての若干の僕自身のまとめを、以下に覚書ふうに述べておきたいと思う。

Ⅰ 対馬忠行の「永続革命論解説」の問題点

さしあたりまず、対馬忠行のトロツキーの永続革命論の「解説」にかんする諸問題からはじめておく。

これまでの対馬忠行は「ロシア革命における戦略戦術としてはレーニンが絶対正しい」という意見をとっていたわけであるけれども、この「解説」論文においては、旧説――これは『ソ連「社会主義」の批判』〔論争社、一九五九年〕という対馬忠行の本に載せられている「十月革命の挫折」などで展開されているけれども――、この旧説を覆して、いわばレーニンとトロツキーの見解の中間に位置した、ということができるであろう。といっても、レーニン寄りの中間であるということが、今日の対馬忠行のロシア革命の戦略戦術にかんする理解であるわけだ。

簡単にいうならば、トロツキーの永続革命論とレーニンの労農独裁論とは、いずれも一半の真理をもっているのであり、この両者の統一においてロシア革命戦略がうちだされるのだ、というような解釈をおこなっているわけである。このような結論に導かれる過程についての反省を以下におこなっていくわけであるけれども、その場合の追求のしかたが、例によって例のごとく文献解釈主義的なものになってしまっている。対馬忠行のこれまでやってきた仕事は、ソ連の変質についてのカギ括弧づきの「経済学」的分析であった。ところが、ロシア革命の戦略問題を追求しようとする段になると、カギ括弧づきの「経済学」さえもがまったく忘れさられてしまって、レーニンとトロツキーのロシア革命にかんする戦略論の次元において、彼らの言説をパターン分けしたりつなげたりするという方法しかとられていないということである。

われわれとしては、レーニンの労農民主独裁論とトロツキーの永続革命論との違いがでてくる根拠を、彼ら両人によるロシアの政治経済構造の把握から説明するということもなされなければならないと同時に、他方では、かかるロシアの政治経済構造の認識にふまえつつ、それを変革する場合の革命論そのものの構造について追求しなければならないわけである。ところが対馬忠行の「解説」論文においては、この両者についてまったくふれられていない。ただもっぱら、レーニンとトロツキーの残した文書、その解釈に終始してしまっているということである。したがって、これは本来論じるべき対象ではないのであるけれども、従来の対馬忠行の見解が変えられているという意味において、われわれとしては注意しなければならない事柄である。その意味でのみ、とりあげるにすぎないということである。

結論的にいうと、今日の対馬忠行は、いま言ったように、レーニンの労農民主独裁論とトロツキーの永続革命論とのそれぞれに一面の真理を認めつつ、この両者の統一においてはじめて一九一七年のロシア革命の戦略が導きだされるのだ、というように説明するわけである。そして、労農独裁は「一時的・過渡的なものとして認めなければならない」のであって、その全面否定は正しくない、後進国における革命においてはレーニンが提起した労農独裁体制のようなものが「一時的・過渡的にうまれる」ということを無視してはならないというように主張することによって、ロシア革命の戦略にかんする対馬の理解はトロツキーの真理性を認めつつもレーニンに近い、というように表現しているということである。

このような主張の裏側には、独裁と体制とをイコールスに考えていることが端的にしめされている。実際、この論文の冒頭においても、独裁と体制とはイコールスにとりあげられている。労農同盟と労農独裁あるいは労農同盟とプロレタリアート独裁との関係についての追求などは、彼の視野には全然入っていないわけである。後進国においては「一時的・過渡的には」労働者・農民の独裁が成立する可能性をまったく封じてはならない、その全面否定はおこなうべきではないというように対馬が主張する場合には、明らかに、革命の本質を追求するというよりはむしろ、どのような権力がうちたてられなければならないかということを政治的展望として追求しているにすぎないということである。革命論の固有の領域が彼においてはまったく欠落している。どのような革命の展望をだすか、それが、彼における戦略であるらしいのである。

しかも、滑稽なことには、今日の対馬忠行は「社会主義政権」などというカテゴリーを平気で使用しているわけである。レーニンの『二つの戦術』において「社会主義独裁」などというようなカテゴリーが使われているからかも知れないが、しかしながら、プロレタリアート独裁期と社会主義社会とは明確に区別されなければならないというようなことを、あれほど主張しつづけてきた対馬忠行が、現段階においては「社会主義政権」などというような、不用意とは思われないようなカテゴリーを平気で使っているということである。社会主義においては国家権力は存在しないはずであるにもかかわらず、そしてまた、これを彼が猛烈に力説していたことであるにもかかわらず、現段階において、たとえば、「イギリスにおいて社会主義政権が樹立された場合には」などというような仮定にのっとった言説が展開されているわけである。このような「社会主義政権」とかいうような概念を用いていることそれ自体のなかに、一方では、従来の対馬忠行による理論研究の衰退、あるいは老人ボケがしめされていると同時に他方では、革命戦略の問題を追求する場合には、革命によって変革されるべき物質的基礎、政治経済構造と国家権力の分析がぜひともなされなければならないにもかかわらず、この問題が追求されないことを意味するわけである。

とにかく、この「解説」論文は対馬忠行が書いたとは思われないような内容であるわけだ。形式上は文献引用によって対馬らしさがでているけれども、その内容展開においては、ソ連論を展開する場合の対馬忠行の面影はまったくないといっていいであろう。

レーニンとの対比における解釈

さて、トロツキーの永続革命論の性格を検討する場合に対馬忠行は、レーニンのロシア革命にかんする戦略戦術との対比において追求しているわけである。それは、次の四つの問題をめぐって追求されている。その第一は、一九一七年のロシア革命の過程における戦略戦術問題。第二は、革命以後における社会主義建設にかんする問題。第三には、先進ヨーロッパにおける革命とロシアや後進国の革命との連関についての問題。四番目には農民問題。この四つの問題に焦点を合わせ、対馬忠行はレーニンとトロツキーの違いを追求しようとしているわけである。

まず第一に、このようなトロツキーの永続革命論の性格を追求していくことそれ自体が現象的な羅列にすぎないことはいうまでもない。トロツキーは『永続革命論』〔現代思潮社、一九六一年〕という本の序論において、自己の永続革命の三側面を追求しているわけである。いうまでもなく、その三側面は、（A）国内革命の永続的完遂、（B）プロレタリアート独裁の過渡期社会〔建設〕の永続的完遂、（C）永続革命の国際的側面、あるいは世界革命の永続革命としての完遂の側面、というように三つの観点から追求しているわけであるけれども、この『永続革命論』序論で展開されている永続革命の三つの側面については、ここではどういう理由か、まったくふれられていないのである。

対馬忠行があげている四つの問題は、いま述べたトロツキーの永続革命の三側面に位置づけて言うならば、まず第一と第四番目の問題は各国革命の永続的完遂にかんする諸問題として一括することができるであろうと思う。そして第三の問題は、各国革命と世界革命との関連にかんする問題で、これは永続革命の国際的側面にかんする問題であるということができる。そして、第二にあげられている事柄はトロツキーの永続革命の第二の側面、（B）の側面にあたるものと考えることができるであろう。

とにかく、トロツキーの永続革命の三側面それ自体についてふれることなく、現象的に『永続革命論』第十章にまとめられているような事柄に即しつつ、トロツキーの永続革命論の性格、特徴を端的にしめすものとして、いま言ったような四つの問題がアットランダムに展開されているわけである。対馬忠行があげているところのトロツキーの永続革命論の四つの特徴の、あげられている順序にしたがっての評註ではなくして、簡単に当面片付けられるところから始めていこう。

まず第一に、第四番目の農民問題にかんして。「トロツキーが農民を過小評価していた」というようなスターリニスト神話について、ここでとやかく言う必要はないだろう。さしあたりここでの問題は、トロツキーが労働者階級と農民との関係についてどのようにとらえていたか、それとレーニンとの違いは何であるか、ということにかんする対馬的な解釈についてである。

『永続革命論』第三章で展開されているところのトロツキーによるレーニン労農民主独裁論の批判を念頭におきつつ、対馬忠行は次のように言っているのである。すなわち「農民および農民党の独立的役割を過大評価した」のがレーニンであるのにたいして、「農民および農民党の革命的要素を過小評価した」のがトロツキーである、と。言語表現上曖昧な点があると思うけれども（忘れてしまったので）、そのようなボナパ的な解釈を対馬忠行は展開しているのである。労働者と農民の同盟と、労農独裁との関係はどうであるか、というような追求をまったくおこなわない。あるいは、労農同盟とプロレタリアート独裁との関係はどうかということは、依然として対馬忠行の視野には入っていない。ただもっぱら、プロレタリア革命にとってプロレタリアートと農民との関係はどうか、農民の評価のしかたおよび農民党の役割の理解のしかたにおけるレーニンとトロツキーの違いを論じているにすぎないということである。そこには明らかに、労働者と農民とのあいだの政治力学的な関係、あるいは前衛党からの客観的な評価という観点から追求されているにすぎない。

このような労働者と農民との関係のレーニンとトロツキーにおける解釈を対象的にながめただけでは、決して問題の解決にはならないのである。プロレタリアート独裁を直接的には実現できないので、さしあたり労農民主独裁を樹立する、そのために労働者のヘゲモニーのもとに労農同盟がつくりだされなければならないというようなことは、かの「二つの道」理論をつくりだしたレーニンによって提起されるわけであるけれども、しかしながら『二つの戦術』という本を書いたレーニンにおいては、このような労農同盟論はいまだ明確にはうちだされていない。まさにそのような追求されるべき諸問題はまったくホカされてしまって、農民および農民党の独立的役割の過大評価に陥っているのがレーニンであり、農民の革命的側面を過小評価しているのがトロツキーであるなどというような解釈を加えても、ロシア革命における戦略戦術、それを実現する実体の創造、実体の性格などについての具体的な追求とはなりえないということである。

実際、対馬忠行は農民および農民党にかんするレーニンとトロツキーの見解の差異を（区別ではない）、差異を説明しつつ、次に「プロレタリアートと農民との関係のつかみ方が問題である」というように表現し、プロレタリアートのヘゲモニー性においてはレーニンとトロツキーとは同じであった、などというような結論が下される。『結果と展望』やその他の論文につらぬかれているトロツキーの純粋プロレタリア主義とでもいえるような傾向について、われわれは指摘しなければならないにもかかわらず、対馬忠行はそのようなことをまったくおこなっていないのである。

要するに、労働者と農民との関係については、評価が過大であったか過小であったか、というような基準からなされているにすぎないということである。レーニンの労農独裁論、労農同盟論、あるいはなしくずし的なプロレタリアート独裁論そのものの追求は、彼自身おこなっていないらしいということである。

次に、（B）の問題。プロレタリアート独裁樹立以後の過渡期社会の建設あるいは社会主義社会の建設についてのレーニンとトロツキーとの食い違いにかんしてである。もちろん、革命ロシアのスターリニスト的変質をレーニンは見ていないのであるからして、そのような事柄についてレーニンはふれていない。したがって『裏切られた革命』〔一九三六年〕という本で展開されているトロツキーのソ連論にあたるものがレーニンにはない。したがって、この比較解釈はおこなっていない。が、しかしながら、革命以後の経済建設についてのレーニンとトロツキーの展望については若干ふれられているのである。

レーニンもトロツキーも、いずれも国際革命の立場にたっている、世界革命論者であった。が、しかしながら、トロツキーは一国的な規模での社会主義建設を全面的、絶対的に否定しているのにたいして、対馬忠行は、これは原則主義的である、レーニンが言っているように、やはり、一国あるいは数か国での社会主義建設はまったくおこなわれないのではなくして不完全なかたちでおこなわれるというように表現すべきである、というように言っているということである。スターリンの「一国社会主義建設可能論」を批判したトロツキーは「一国社会主義建設」絶対否定論者であったけれども、レーニンは一国あるいは数か国での社会主義建設を全面否定しないで、それが不完全なかたちではあるが遂行されうると主張していた、これを対馬忠行は「不完全説」と呼んでいるわけである。このようにレーニンとトロツキーの社会主義建設にかんする展望を分類している点が特徴的な事柄であるわけだ。

一九五六年九月に対馬忠行と話し合った時に、彼は、「ロシアやアメリカのような生産力が巨大な国あるいは原料の多い国では、その枠内でも社会主義への移行を目的意識的に遂行できるのである」というようなことを主張していた。「不完全であるけれども社会主義への移行が目的意識的に遂行されるのだ」というように表現していた。これが今日まで持続されているといわなければならないであろう。たとえ不完全であるとしても、一国あるいは数か国における社会主義への移行を説きうるということは、何を意味するか。いうまでもなく、一国あるいは数か国における等量労働交換の実現が可能であるということを言っているにすぎないのである。その場合には、この一国あるいは数か国をとりまく資本主義世界の矛盾の、カギ括弧づきの「社会主義」建設をおこなっている国へのはねっかえりの問題がまったく捨象されてしまっているということである。

ここには、知らず識らずのうちにスターリン型の「一国的社会主義建設可能論」のようなものが導入されているといわなければならない。スターリンは社会主義の分配のメルクマールを「労働の量・質分配」としてしまって［いるが］これは間違いであり、本当は等量労働交換、労働量に応じた分配がおこなわれるのが社会主義である、というような原則的確認をたとえおこなったとしても、これは本質論的な事柄なのであって、現実的な世界において帝国主義陣営が残存していた場合には、その価値法則が社会主義建設をめざしている国へ滲透し作用してくるというようになるのは当然である。にもかかわらず対馬忠行は、そのように問題を提起しない。ということは、社会主義は単純に「等量労働交換がおこなわれる社会」というように考えて、全世界的な規模における革命の遂行の問題から切り離されたかたちでそれが論じられているということである。

全地球の変革、世界プロレタリア革命の完遂の問題から切断して「等量労働交換＝社会主義」ということが主張される場合には、対馬忠行のような、一国あるいは数か国における社会主義への移行が不完全ではあるけれどもなしうる、というような理解におちこんでしまうということである。まさしくこのゆえに、われわれは、社会主義の問題を論じる場合には、全世界的な規模での社会主義への移行というように、現実論的には問題をたてなければならないのである。本質論的には、社会主義における分配法則は等量労働交換であるというように表現すればいいけれども、現実論的に問題を提起する場合には、世界社会主義への過渡期というような立脚点をまずすえおいて、そのような世界革命の展望のもとに実現された労働者国家の経済政策が位置づけられていかなければならないということである。この過渡期社会の労働者国家がとる政策は、スターリン的な「労働の量・質分配」ではなくして、労働量による交換へたえずむかって追求していくという政策がとられなければならないことはいうまでもない。が、しかしながら、対馬忠行のように「一国あるいは数か国での不完全な社会主義への移行」を論じることは、まったく誤謬に転化せざるをえないということである。

余談であるけれども、この問題においてはトニー・クリフと対馬とのあいだに違いがあるということである。対馬忠行は等量労働交換あるいは労働証書制の問題を追求しているわけであるけれども、この問題においてはクリフは完全に欠落している。が、しかしながら他方、クリフは、今日のソ連邦におけるカギ括弧づきの「価格制度」を論じたり、資本主義的世界の価値法則がソ連にどのように滲透するかという問題を追求している。が、しかしながら、この問題の追求を対馬忠行はまったくやっていないということである。クリフと対馬とのソ連論における違いを、今後さらに追求していかなければならないであろうと思う。

レーニン・トロツキー革命論のパターン分け

さて、次に追求すべき事柄は、第一、革命遂行過程における永続的完遂の問題、および帝国主義段階における革命の不均等発展の問題、一番と三番の問題についてである。これは、対馬忠行に言わせれば、次のような単純な二つの物差しからレーニンとトロツキーのそれぞれの革命論が料理されていくわけである。まず、Aパターンとしては、社会主義革命先行説か否かということ、Bパターンとしては、西ヨーロッパ革命先行説か、それとも後進国革命先行説か、という二つのパターンによって、レーニンとトロツキーとが料理されていくわけである。

Aパターン、社会主義革命先行説というのがトロツキーの永続革命論の要約であるそうだ。レーニンの場合には社会主義革命先行説ではなくして、ロシアにおいてはまず労農独裁、ブルジョア民主主義革命先行説であるというように単純に色分けをしてしまう。レーニンの労農民主独裁先行説が、なぜ、どのようにしてうみだされたか、というような追求は対馬忠行はまったくおこなわない。それと同様に、トロツキーの永続革命論も社会主義革命先行説というように単純に要約されてしまうのである。

「ブルジョア民主主義革命からプロレタリア社会主義革命への直接的成長論」というように単純に要約できるところのトロツキーの革命論についての追求は、まったくおこなわれていない。そしてまた、「ブルジョア民主主義革命の枠においてその枠を突破していくのだ」というようなレーニンの展開、簡単にいうならば「ブルジョア民主主義革命にプロレタリアートが展開力を与えることによって社会主義独裁にむかっていかなければならない」と説くレーニンの理論。この両者の内容的な追求をおこなうことなく、後進国ロシアにおいて社会主義革命先行説をとなえたのがトロツキーであった、というような要約をおこなっているにすぎないということである。これは、レーニンとトロツキーの革命論の革命論的なアプローチをおこなうのではなくして、社会主義革命先行か、それともブルジョア民主主義革命先行か、というような分類をおこなっているにすぎないのである。一九〇五年の段階において「ロシアにおいての革命は社会主義革命先行」をとなえたのはトロツキーだけであった、などというような解釈をおこなっているにすぎないということである。

このようなAパターンとからみあわされているのが、Bパターン、つまり西ヨーロッパ革命先行説か、それともロシア革命先行説か、というかたちで分けていくわけである。トロツキーは永続革命論の要約のなかで、次のような展開をおこなっている。すなわち、政治経済的に後れた国でも革命においては先に進むのである、が、しかしながらこの場合には、先進国においてプロレタリア革命が遂行された場合よりもより遅く経済建設がおこなわれる、というような展開。要するに、帝国主義段階における後進国革命の方が先に完成される可能性が多い、だがしかし後進国において革命が実現された後の経済建設はゆっくりと進む、先進資本主義国においてプロレタリア革命が実現された以後の経済建設よりも後れて進む、というようなプロレタリア革命の不均等発展と経済建設の不均等発展についての論述がある。「これは見事な展開である」というようなことを言っている。それ自体の間違いはない。が、しかしながら、これを後進国革命先行説とか西ヨーロッパ革命先行説とかというように単純にふるい分けては、社会学的な分類でしかないのである。後進国革命と西ヨーロッパ革命との連関をどのようにレーニンやトロツキーが考えていたか、ということを追求しなければならないわけである。

いうまでもなく、ロシアにおけるブルジョア民主主義革命が西ヨーロッパにおけるプロレタリア革命を呼び起こし、この西ヨーロッパにおけるプロレタリア革命がロシアに逆流させられることによってロシアのブルジョア民主主義革命がプロレタリア革命へと成長発展する、このように当時のボルシェヴィーキたちは考えていたわけである。これは、『共産党宣言』第何章かの末尾［第四章］に展開されている事柄、つまりドイツのブルジョア革命がフランスやイギリスのプロレタリア革命を呼び起こし、そして、それがドイツに逆流させられてドイツのブルジョア革命がプロレタリア革命へと発展していく、というような叙述をレーニンが直接的にあてはめて考えたものであるといわなければならない。

このようなヨーロッパ的規模における革命の連続的、永続的な完遂の構造についての追求を、対馬忠行はまったくやらない。一九〇五年段階におけるレーニンとトロツキーが西ヨーロッパ革命先行説にたっていた、が、しかしながら、それがだんだんと変り、ロシア革命先行説、後進国革命先行説に移行していった。なぜ、どのようにして移行していったのかの分析はまったくなされていない。なぜならば、帝国主義論の確立、あるいは帝国主義段階の認識ということにかんするレーニンとトロツキーの違いなどについての追求がまったくなされていないということと、それは関連しているわけである。

いうまでもなく『結果と展望』を執筆した段階のトロツキーは、二十世紀資本主義は帝国主義段階に突入したとの直観にもとづいて、ブルジョア民主主義革命からプロレタリア革命への永続的完遂の展望をうちだしたのであった。ところがレーニンは、『資本論』を一知半解的に理解して、「両極分解」論の立場にたっていた。この「両極分解」論にもとづいて、一切の戦略戦術をレーニンはたてていったわけである。とくに農民問題においては、このことははっきりしているわけである。このような、すでに渡辺寛が追求しているような事柄についての自覚も、まったく対馬忠行には欠落している。そして、もっぱら、レーニンとトロツキーが後進国革命先行説であったのか西ヨーロッパ革命先行説であったのか、などというような分類をおこなっているにすぎないのである。そしてまた、一九一〇年以後あたり（これは明確ではない）のレーニンとトロツキーなどは後進国ロシア革命の先行説に移行したとしても、それが帝国主義段階の認識と不可分な関係にあるということ、そしてまた、ロシアにおける後進国革命と西ヨーロッパ革命との関係をどのようにつかんでいたかというような問題についての追求も、明確にはおこなっていないということである。

とにかく、Aパターン、社会主義革命先行説か、それともブルジョア民主主義革命先行説かという尺度。Bパターン、西ヨーロッパ革命先行説か、それとも後進国ロシア革命先行説か、という尺度。この二つの尺度をもってレーニンとトロツキーの革命論のそれぞれの段階の特徴づけをやっているにすぎないということである。帝国主義段階におけるプロレタリア革命の構造を追求していくという視角がまったく対馬忠行には欠落しているがゆえに、Aの尺度とBの尺度とをそれぞれレーニンおよびトロツキーの戦略論にあてはめることによって解釈しているにすぎないということである。

戦略・組織戦術・戦術の有機的連関の欠如

レーニンは「労農独裁」というように表現しているのにたいして、トロツキーは「農民をその背景としたプロレタリアート独裁」というように表現している、これは大した違いはないじゃないか、というような解釈をおこなったりしている。が、これは、全然問題の解決にはならないのである。

革命の本質と、かかる革命遂行の主体（実体）の構造の立体的な構造追求をわれわれはおこなっていかなければならない。ところが、トロツキーは、革命によってうちたてられるべき権力＝独裁と、それを遂行する主体の組織化の問題を統一的に追求しえなかった。まさしくそれゆえに、「農民をその背後としたプロレタリアート独裁」などというような表現をおこなってしまうのである。プロレタリアートのヘゲモニーのもとにある労農同盟を実体的基礎としてプロレタリア革命を遂行する、というように表現すればいいものを、そのような表現がとりえなかったということは、本質と実体にかんする弁証法的な把握がトロツキーにも、またレーニンにもなかったということである。レーニンの場合にはもっと現実政治的な感覚があった。だから、労働者・農民の民主主義的独裁という可能性、一番左の可能性から農民党の独裁のあいだの幅広い可能性を認めて、最も左翼的な「労農独裁」の樹立をめざしていくのだというような不確定戦略、いわゆる不確定戦略を『二つの戦術』で提起したわけであった。このような問題についての追求をまったくおこなっていないのである。

プロレタリア革命の本質論的な構造追求、プロレタリア革命の遂行主体の組織化の問題、かかる組織化の直接的な契機をあたえる戦術問題、このように戦略・組織戦術・戦術の三つのモメントからプロレタリア革命の推進構造を追求していかなければならないにもかかわらず、そのような問題についてはまったく対馬忠行はふれようとしない。ほかならぬこの問題が依然としてトロツキーの『結果と展望』においても、レーニンの『二つの戦術』においても曖昧であるわけだ。トロツキーの場合には、うちたてられたプロレタリアート権力の農民政策という観点から、場所的現在における農民政策のようなもの、「農民をプロレタリアの側に引きつけなければならない」ということが言われているにすぎない。そしてまた、後でみるように、レーニンの『二つの戦術』においては、プロレタリアートと農民との関係は政治力学的につけられてしまっているということ、プロレタリアートと農民とのあいだの実体的な力関係をどのように変えていくかという観点から、革命、独裁の問題が考えられているにすぎないということである。

したがって、革命の問題と、革命を遂行していく場合の政策＝戦術の問題との区別がつかない。だから、「ブルジョア民主主義革命から社会主義独裁へ」というようなレーニンの理論展開がでてくるわけである。が、このレーニンの理論展開がスターリニストのそれから区別されるところのものは、スターリニストなかんずくそのソフト化された形態としてのフルシチョフ＝トリアッチ主義者においては、目標としての社会主義が彼岸化されてしまっているのにたいして、レーニンは「ブルジョア民主主義革命を遂行する場合に一瞬たりとも社会主義独裁の問題が忘れられてはならない」ということを力説しているという点である。

とにかく、プロレタリア革命の問題を論じる場合には、このプロレタリア革命の本質的な構造、その遂行主体の組織化の問題、場所的現在における戦術の問題、これらの有機的な構造を全体的に明らかにすることでなければならない。にもかかわらず、そのような視角がないから、A、Bという二つのパターンをもってレーニンとトロツキーの革命論を比較解釈しているにすぎないということである。このような比較解釈がなされているにすぎない以上、マルクスの「パーマネント・レボリューション」とトロツキーのそれとを比較する場合にも、単純に「マルクスの永続革命論の適用、拡大である」というように表現しているにすぎないということである。どのように適用し、どのように拡大したのか、ということの構造はまったくない。産業資本主義段階、しかもヨーロッパ的規模においてうちたてられたマルクスの永続革命論と、帝国主義的段階への突入の直観にもとづいて提起された後進国革命の理論としての永続革命論（トロツキーの）との関係の問題追求もまったくない。どのように拡大されたか、ということについてはまったく不明確なままに残されているのである。

そしてまた、一九〇五年前後のレーニンがマルクスの「永続革命論」という概念を引き継いで、ロシアにおける革命を永続的にプロレタリア革命へ高めていかなくてはならない、というようなことを言っているのだそうである（『レーニン全集』第九巻の二百何頁かに掲載されている）[1]*、ということについても対馬忠行はまったくふれていない。そしてまた、このレーニンの展開の後半は永続革命のことが書かれているけど、前半の「ブルジョア民主主義革命はプロレタリア革命へ直接的に転化していく」というような直接的転化論を、一九二八年「スターリン＝ブハーリン綱領**」を書いたスターリニストがつかみとっているのではないか、というような気もするわけである。が、しかしながら、そのような追求もまったくなされていないのである。いいかえるならば、レーニンの『二つの戦術』で展開されている二段階革命論とスターリン＝ブハーリン流の二段階革命論との区別と関連ということについて、一切ふれられていない。

＊（1）の当該の文章は本稿末の編註に掲げた。以下、出典・引用文の註は番号で記す。
＊＊コミンテルン第六回大会で採択された綱領。二段階革命戦略をうちだす。

いや、そもそも、一九一七年の「四月テーゼ」におけるオールド・ボルシェヴィーキとレーニンとの対立、その深い問題についての追求をほとんどおこなおうとしていないのである。なぜ、レーニンが「四月テーゼ」を提起できたかということの秘密は、すでに『二つの戦術』の理論展開そのもののなかに見てとることができるわけである。たえず、「プロレタリア革命、社会主義革命の問題を一瞬間たりとも忘れてはならない」ということをレーニンは力説している。そのようなレーニンであったからこそ、四月の段階において、かの戦略転換をおこないえたのであった。が、しかしながら、カーメネフ、ジノヴィエフをはじめとするスターリンも含んだオールド・ボルシェヴィーキは、レーニンの戦略転換についていけなかった。このあたりの構造を深めていくことが問題であるにもかかわらず、それは歴史的な事実の説明が末尾につけ加えられることによってごまかされているわけである。

したがって当然にも、「スターリン＝ブハーリン綱領」における「中位の資本主義国における革命戦略」としてだされている二段階革命論と、レーニンのそれ、トロツキーのそれにたいする批判などについては、まったくふれられていないわけである。ただ一箇所、かなり前の方であったと思うけども、なんとか革命［ポーランド、スペインなど］にたいして、スターリニストが次のような戦略を提起したのだそうである。すなわち「民主主義革命的任務を広範に含む社会主義革命」と。このような戦略規定は、たとえば日本の場合には「三二年テーゼ」であったと思ったけども、そのような表現がとられているわけである。「ブルジョア民主主義革命的任務を含む社会主義革命」とか、「社会主義革命へ強行的に転化するブルジョア民主主義革命」とか、いろいろ表現があるわけである。このような「強行的転化」論とか、「ブルジョア民主主義革命的任務を広範に含む社会主義革命」とかいうような整理のしかたは、まったく後進国革命の論理構造がつかまれていないことの端的な表現なのである。

要するに、「ブルジョア民主主義革命から社会主義革命への直接的成長」というトロツキーの理論。あるいは「ブルジョア民主主義革命の枠内において、それを徹底的に遂行することをつうじてそれを突破し社会主義独裁にむかっていく」というような二段階論にもとづきながら、それを直接的に結合しようとしたレーニン・パターン。さらに「ブルジョア民主主義革命から社会主義革命への強行的転化」というようなパターン。さらにまた「ブルジョア民主主義革命的任務を広範に含む社会主義革命」というようなパターン。これらスターリニストやその他によって表現されている諸々のパターンを、今後追求していかなければならないということである。

要するに、対馬忠行によるトロツキー永続革命論の「解説」論文はまったくの文献解釈主義で満たされている。しかもそれは、革命論を理論的に追求していく姿勢などはまったくない。A、Bのパターンを分けて、それでレーニンとトロツキーの戦略、「論」ではなく、戦略を解釈しているにすぎないということである。これはおそらく、戦前の、第二次世界大戦以前の戦略論争の低水準に規定されている事柄であろうと思う。

ところで、『国家資本主義と革命』〔現代思潮社、一九六四年〕という対馬の本の中で展開されている彼流の現代革命論はどんなものであるか、ということを今後追求していく必要がある。これをまだ読んでいないので、はっきりした結論を下すことができない。いずれ、『国家資本主義と革命』という対馬の本で展開されている彼の戦略論を検討することによって、対馬の変化を追跡していく予定である。

Ⅱ　レーニン『二つの戦術』における戦略戦術論

さて次に、レーニンの『民主主義革命における二つの戦術』という本で展開されている戦略戦術論について。

一九〇五年革命の総括と展望にかんするレーニンとトロツキーの違いの根底に横たわっているものは、当時の後進国ロシアの政治経済構造の把握についてであるわけだ。いうまでもなく、レーニンの場合には、『資本論』の〔第一巻〕第二十三、四章で展開されている事柄、つまり「プロレタリアートとブルジョアジーとへの両極分解が資本主義の絶対的な一般法則である」というような、このマルクスの展開をレーニンは単純に「両極分解」論というように理解する。そして、後進国においてもこの農民分解のためにたたかわなければならない、「ブルジョアジーとプロレタリアートとへの両極分解」論を後進国ロシアにおける農業の資本主義的発展にも適用していく、そうすることによってロシア革命をブルジョア民主主義革命として遂行し、さらにプロレタリア革命へむかって突進していくのだ、というように考えているわけである。

このようなレーニンの「両極分解」論、あるいは渡辺寛はこれを「市場の理論」というように呼んでいるわけであるけれども、とにかく簡単にいうならば、ブルジョアジーとプロレタリアートとへの両極分解を明確につくりだすためにたたかうのだ、というようなことが一九〇三年あたりの「農業綱領」[2]などに書かれているわけである。これは明らかに、『資本論』で展開されているところの「資本主義の絶対的一般的な法則」を帝国主義段階におけるロシアの現実に直接的にあてはめる、というような現実認識に出発していることを意味するのであり、このようなロシアにおける政治経済構造の把握にふんまえつつ、「ブルジョア民主主義革命からプロレタリア革命へ」という戦略をレーニンはうちだしたわけである。

これにたいしてトロツキーは、二十世紀の資本主義が帝国主義段階に突入しているという直観にふんまえつつ、「ロシアにおけるブルジョア民主主義革命はプロレタリア革命へ直接的に成長させせなければならない」というように主張するわけである。したがって、レーニンとトロツキーとのロシア革命における戦略の違いの根底には、二十世紀帝国主義段階におけるロシアの政治経済構造の把握における違いがあることをまずもって明確にしなければならないということである。レーニンの『ロシアにおける資本主義の発達』〔一八九九年〕とか『市場問題によせて』［一八九三年］とかいうような論文には、ロシアの経済のレーニン的な把握がみられるわけであるけれども、トロツキーの場合にはそれが十分わからない。新書版の『結果と展望』の第一、二、三章あたりには全訳が出されているので、これを今後検討した時にレーニンとトロツキーによるロシアの経済構造の把握の違いをさらに明確にしていくので、ここではこれ以上述べないことにする。

さて、二十世紀帝国主義段階におけるロシアの政治経済構造の把握におけるレーニンとトロツキーの違いがまず第一の問題であり、そして第二に追求されるべき事柄は、レーニンもトロツキーもロシアの戦略を確定する場合に次のような二つの方法を適用しているということである。その第一は、一七八九年のフランス革命の過程からの歴史的類推によってロシア革命の戦略をうちだしているということ。そして第二には、一八四八年のドイツ革命とそれ以後のヨーロッパ革命にかんするマルクスの権力移動論の意義と限界を、レーニンやトロツキーがそれぞれ自分なりにつかんでロシア革命の戦略問題に適用しているということ。そして第三の問題は、第二と密接不可分に結びついているのであるけれども、一八五〇年前後にマルクスが展開した世界恐慌──→世界戦争──→世界革命というようなこの永続革命論を、レーニンもトロツキーもロシアの革命に適用しようとしているということであるわけだ。

簡単にいうならば、一七八九年のフランス革命や一八四八年のフランス革命などからの歴史的類推において、帝国主義段階におけるロシアの革命の戦略を導きだそうというこのような方法は、レーニンにおいてもトロツキーにおいてもつらぬかれている。なかんずく、トロツキーの場合には、これが決定的な理論展開をなしているわけである。たとえば『永続革命論』という本においては、フランス革命からの類推によってかなり論述がうずめられているわけである。これは歴史的類推にかんする事柄であって、さしあたりここでの問題ではない。ここでの問題は、二番目、三番目の問題であるわけだ。

トロツキーの場合、二番目の問題は、『永続革命論』第三章や五章などにおいてマルクスの権力移動論、ブルジョアジーから小ブルジョアジーへ、小ブルジョアジーからプロレタリアートへ、というようなこの権力移動論の適用限界を明確につきだすという姿勢がみられるのである。なかんずく、農民の独立した役割および農民党の独立的な存在の否定ということについて、レーニンの労農民主独裁論の批判を媒介としつつ追求しているわけである。これにたいして、むしろレーニンはマルクスの権力移動論を直接的にあてはめていくという姿勢があったことはいうまでもない。このことは、『二つの戦術』に載せられている付録「「あとがき」」のⅢ「「独裁の俗流的・ブルジョア的な説明とマルクスの独裁観」」をみれば端的に分かる事柄であるわけだ。

そしてトロツキーの場合には、とくに第三の問題、つまりマルクスの永続革命論を直接的に受け継いでいく、そして彼の「パーマネント・レボリューション」と呼ばれる理論が形成されているわけである。とはいえ、レーニンもまた、マルクスの永続革命論についてふれ、またそのような理論展開をおこなっているわけである。が、しかしながら、『二つの戦術』という本においては、「パーマネント・レボリューション」の問題はそれ自体として追求されてはいない、ということが特徴的なことなのである。

それゆえにわれわれは、簡単に表現するならば、レーニンはマルクスのかの権力移動論をロシアの現実に直接的にあてはめようと試みたのにたいして、トロツキーはマルクスの永続革命論をロシアの現実に適用せんとしたのだ、というように表現できると思う。もちろん、レーニンも永続革命についてふれているし、トロツキーもまたマルクスの権力移動論の適用限界について明らかにしている。その意味では、レーニンもトロツキーもマルクスの権力移動論および永続革命論を適用している、といわなければならない。が、しかしながら、レーニンはマルクスの権力移動論に重点をおいてマルクスの革命論を適用しつつ『二つの戦術』を書いたのだし、トロツキーはマルクスの永続革命論を適用しつつ、かの「永続革命論」を定式化したのだ、というように簡単に表現することができるであろうと思う。

ついでに言っておくが、レーニンもトロツキーもマルクスの永続革命論を歴史的、系譜的に追求していたとはかならずしもいえないのではないかと思う。いうまでもなく、マルクスの「パーマネント・レボリューション」の問題が提起されているのは、『ユダヤ人問題』という論文においてであるわけだ。*Deutsch-Französische Jahrbücher*《ドイッチュ・フランツェーズィッシェ ヤールブュッヒャー》〔『独仏年誌』〕に掲載されたこの『ユダヤ人問題』では、「政治的解放から人間的解放へのパーマネントな完遂」というように表現されている。この永続革命論について、レーニンやトロツキーがどのように理解していたかは不明確である。そしてまた『ドイツ・イデオロギー』、これは基本的にエンゲルスが書いたのであるけれども、しかしながら、かの「「一挙に」、あるいは同時的に」ヨーロッパの革命が世界革命として実現される、というような叙述のところはマルクスが書いたわけである。

このような『ドイツ・イデオロギー』の内部で展開されているマルクスの世界革命論を、レーニンはもちろん読んでいないわけである。なぜならば、一九二六年にはじめてフォイエルバッハ論のところだけがロシア語版で発表されたのであるから。が、しかしながら、この世界革命論はトロツキーは読んでいるわけである。その証拠には、『裏切られた革命』の第五章かなんか〔第三章・四〕の冒頭に『ドイツ・イデオロギー』からの引用がなされている点からしても明らかであろうと思う。したがって、レーニンやトロツキーが解釈したところのマルクスの永続革命論とは、一八五〇年前後の『新ライン新聞』その他で展開されているところのものである、というように簡単に言いきってもいいであろう。

A　レーニン型の二段階革命論

さて、『二つの戦術』という本で展開されているレーニンの戦略戦術論の、まず第一の特徴は何であるか。いうまでもなく、ここでは、ブルジョア民主主義革命と社会主義革命あるいは社会主義的独裁とをまずもって区別する、そして区別したうえで、これをつなげようとする形式論理的な考え方につらぬかれているということである。ブルジョア民主主義革命を徹底的に遂行して社会主義革命へ、あるいは社会主義的独裁の樹立の方向にむかっていくのだ、というように考えている。このような、民主主義のための闘争をまずおこない、その枠内において、その枠を突破していくという考え方が終始一貫つらぬかれているわけである。民主主義革命をプロレタリアートが遂行する、というように考えている根底には、内容はプロレタリアートが実現するのであり、形式上はブルジョア民主主義革命となるのだ、というように形式と内容のズレからして、ブルジョア民主主義革命の枠内における闘いをさらに、その枠を超えでた闘いへもっていくことができる、というように考えている。これをレーニンは、「ブルジョア民主主義革命にプロレタリアートが展開力を与える」というような表現をとるわけである。このような考え方が基本にある。

ところが、俗物どもがこれを解釈する場合には、まずもってブルジョア民主主義革命をおこない、その次には社会主義的変革をめざす、というように完全に二段階的にぶっ切ってしまうのである。ところがレーニンの場合には、民主主義のための闘争をおこなう場合でも、前衛党は「一瞬たりとも社会主義的変革の問題を忘れてはならない」というように主張する。その点が大きな違いなのである。レーニンの場合には、まず枠組みを決めておくけれども、この枠組みをたえず突破していく、というかたちに追求されているわけである。ところがスターリニストの場合には、民主主義のための闘争をおこなうことは社会主義的変革への第一歩、第一段階である、というようにレーニンが主張したことそれ自体を自立化させる。その一面だけを自立化させるから誤謬に転化して、かの二段階革命論が導きだされてしまうのである。

先に言うのを忘れたけども、対馬忠行がスターリニストの二段階革命論を批判する場合には、二段階革命戦略それ自体が誤謬であることをなんら主張しないのである。ただたんに、帝国主義段階における日本革命を一段階的に実現しないから悪い、独占を打倒するのはプロレタリア革命であってブルジョア民主主義革命ではない、というような事実指摘しかなしえないということは、スターリニストの二段階革命論やレーニンの二段階革命論そのものの革命論的な追求がまったく欠落していることと不可分の関係にあるわけだ。

それはともかくとして、民主主義のための闘争＝ブルジョア民主主義革命のための闘争をまずおこなう、この枠内においてこの枠を突破していくというようなレーニンの思考法は明らかに、プロレタリア革命を直接的にめざすことができない、だからまずもってプロレタリアートのヘゲモニーのもとにブルジョア民主主義革命を遂行する、というように考えているわけである。ここには内容と形式とのズレを論じ、そして形式を枠と考え、この枠内における闘争を枠を突破したプロレタリア革命の方向にもっていく、というようにレーニンは追求しているといわなければならないだろう。

マルクス権力移動論のあてはめ

ロシアのような後進国における革命においては、プロレタリアートがブルジョア民主主義のための闘争をおこないつつ、それに「展開力を与える」、ブルジョア民主主義のための闘争という枠＝形式を、その遂行主体たるプロレタリアートが突破していくというようなレーニンの戦略のたて方は、論理的にいえば、いま言ったように形式と内容との関係で考えていることは確かであるけれども、革命論的にいうならば、いうまでもなく十九世紀中葉のヨーロッパ的規模でたてられたマルクスの世界革命構想をあてはめたものであるといわなければならないだろう。ドイツのブルジョア革命がヨーロッパのプロレタリア革命の導火線となり、そしてイギリスやフランスなどの先進国におけるプロレタリア革命がドイツ革命に逆流され、ドイツにおけるブルジョア革命がプロレタリア革命へと発展していく、というようなこのマルクスの世界革命構想を、二十世紀の段階におけるロシアと西ヨーロッパ革命との関係においてあてはめたということができる。

そしてまた、マルクスの例の権力移動論、ブルジョアジー権力から小ブルジョア権力へ、小ブルジョア権力からプロレタリア権力へという、この権力移動論をあてはめたものだ、というふうにいいかえてもいいであろう。実際、この本のどこかに一八九四年のボケた老エンゲルスの引用がなされていた。すなわち、「イタリアにおける革命は小ブルジョア民主主義革命であるだろう」というようなエンゲルスの言葉(3)が引用されている。この「小ブルジョア民主主義革命」というようにエンゲルスが言ったところのものを、レーニンが引用していることからも明らかなように、小ブルジョア共和制あるいは民主主義的共和制をうちたてることが当面の問題である、というようにレーニンは考えているわけである。

事実、この本の、『二つの戦術』という本の一章の末尾に再録されているところの「ロシア共産党〔社会民主労働党〕第三回大会テーゼ」〔一九〇五年四月〕と二章におけるその解説は、非常に重要な展開であると思われる。このようなロシア革命にかんする戦略、なかんずく「革命的臨時政府」、これは「ソビエト」という言葉がなくて実質上ソビエトというのと同義語に扱われている。「革命的臨時政府は武装蜂起の機関である」というようにレーニンによって定義されている。この革命的臨時政府にかんするレーニン流の展開そのもののなかに、レーニンの民主主義的共和制、あるいは小ブルジョア共和制にかんする理解が端的にしめされているわけである。が、とにかく、「イタリアにおける革命は小ブルジョア民主主義革命であるだろう」という老エンゲルスの言葉を引用している点からしても、レーニンは、ブルジョアジー─→小ブルジョアジー─→プロレタリアートという権力移動の観点からロシアにおける戦略問題を設定していることは明らかなことなのである。

レーニンが、「労農民主独裁」という概念を後半においては使用するわけであるけれども、ロシア社会民主党三回大会綱領〔テーゼ〕においては、革命的臨時政府というように表現されているだけで、この革命的臨時政府がのちの展開では労農独裁とイコールにされるわけである。

「この革命的臨時政府は権力一般の奪取と混同されてはならない」ということをレーニンはしばしば力説している。レーニンが言うところの「権力一般」は、おそらくプロレタリアート独裁と同じようなことであろうと思う。プロレタリアート独裁権力をうちたてることはできないけれども、さしあたり、革命的臨時政府をつくりださなければならないというふうに表現する。この革命的臨時政府をうちたてることは、たしかにブルジョアジーを強化するであろうけれども、しかしながら民主主義あるいは自由を貫徹していくためには革命的臨時政府の樹立のためにプロレタリアートは参加しなければならない、というように表現している。

そして、これは「上からの統一戦線」である、というように考える。「上からの統一戦線」とは、この臨時政府にプロレタリアートの代表が参加するということであるらしい。が、しかしながら、この「上からの統一戦線」は、「下からの統一戦線にささえられなければならない」というようなことも主張しているわけである。と同時に、「プロレタリア党の独立性、独自性」を他方では強調するということを、レーニンは決して忘れてはいないのである。

とにかく、一八五〇年前後にヨーロッパ的規模でマルクスが構想した世界革命戦略を二十世紀初頭のロシアと西ヨーロッパとの関係にあてはめたこと、そしてまたマルクスの権力移動論をレーニンがあてはめたということが、「民主主義革命とその徹底的完遂」というレーニンのロシア革命戦略のなかに端的にみてとることができるということである。

しかも、滑稽なことには、この本の第十章でレーニンは、パリ・コンミューンの挫折の原因をレーニン流の二段階革命からヤブニラミ的に批判しているということである。すなわち、パリ・コンミューンが失敗し挫折し流産に終ったということは、民主主義のための闘争と社会主義のための闘争とを区別することなく混同して、いわば一段階的に実現しようとしたからである、というような説明がなされているわけである。これはきわめてピンチなパリ・コンミューンの評価であるといわなければならない。一九一七年、『国家と革命』を書いたレーニンはパリ・コンミューンの検討をおこない、かの「コンミューン型四原則」をプロレタリアート独裁国家権力の本質的なものとしてとりあげたのであった。しかしながら、この『二つの戦術』の本を書いていた時のレーニンは、パリ・コンミューンを『二つの戦術』で展開されているレーニン流の二段階革命論の立場から逆立ち的に批判してしまっている、という点をわれわれは痛苦をもって記録しておかなければならないと考える。

他方、レーニンのこの二段階革命論は第二インターナショナル流の革命戦略に対立させられていることはいうまでもない。第二インターナショナルは、最小限綱領と最大限綱領とのそれぞれの実現を万里の長城でもって切り離すわけである。「目標は無であり運動がすべてである」というベルンシュタインのこの言葉に端的にしめされているところのものは、最小限綱領あるいは行動綱領を自己目的化しているわけである。ところがレーニンは、最小限綱領あるいは行動綱領の実現を「ブルジョア民主主義革命」あるいは「労農民主独裁」というように表現する。そして、このような最小限綱領をたたかいとるための闘いにおいても、プロレタリアートの前衛党は「つねにかならず社会主義的変革を一瞬たりとも忘れてはならない」ということを力説する。このことは、最小限綱領の実現と最大限綱領の実現とを完全に機械的に切り離す第二インターナショナル流の革命戦略にたいする批判をも同時に意味している、というようにわれわれはとらえなければならないであろう。

革命の二段階化とその再結合

とにかく、ブルジョア民主主義をかちとるための闘いを第一歩として遂行する、だがしかし、その場合には「社会主義的な変革」あるいは「社会主義的独裁」なるものを「一瞬間たりとも忘れてはならない」というようにレーニンは主張する。これを別の言葉で言うと「民主主義のための闘争をまずもっておこない、そしてそれを徹底的に完遂していく」というように表現する。この「徹底的完遂」は、ブルジョア民主主義革命あるいは労農独裁から、社会主義革命への移行を意味しているわけである。「民主主義のための闘争と、その徹底的完遂」というように表現することによって、まずもって二段階的に分けられたものの再結合が試みられているといわなければならないであろう。ところがトロツキーの場合には、レーニンのようにまずもって区別するのではなく、革命の全過程をプロレタリア革命への過程としてとらえる。そしてこのプロレタリア革命への過程のモーメントとしてブルジョア民主主義革命を位置づけている。これが、レーニンとトロツキーにおける決定的な違いなのである。

トロツキーが「ブルジョア民主主義革命」というように表現している場合には、実質的には、ブルジョア民主主義的な任務の遂行、あるいは改良的な任務の遂行をプロレタリアがおこなうというように考えられているわけである。ところが、そのように理解することなく、「ブルジョア民主主義革命からプロレタリア革命への直接的成長」というように論じていることからして、レーニンとトロツキーとを本質的に同じようなものと考えては決してならないということである。たとえトロツキーが「ブルジョア民主主義革命」というように表現しているとはいえ、その実質的内容はプロレタリアが遂行するブルジョア民主主義的な任務あるいは改良的任務のことであるわけだ。決定的な問題は、プロレタリア革命の主体的推進の過程を全体的にとらえ、そのモーメントとして「ブルジョア民主主義革命」を位置づけているということである。これと反対にレーニンは、まずもってブルジョア民主主義革命なるものを、そういう枠を設定し、この枠を「プロレタリアの展開力によって社会主義的独裁へ移行させていく」というようになっているわけである。第一段階から第二段階へ、というようになっている。ところがトロツキーの場合には、全体の過程のなかの一段階から二段階へ、である。結果的にはきわめてよく似ている。が、しかしながら、本質的には異なることをわれわれは見落してはならないのである。

ところで、「四月テーゼ」そのものにおける第一段階、第二段階というような叙述のしかた(4)は、トロツキーのそれときわめてよく似ている。「四月テーゼ」におけるロシア革命の第一段階と第二段階との展開のしかたと、『二つの戦術』という本で展開されている第一段階とその突破の構造について、さらに字句的にも正しく追求していく必要があるように思われる。が、しかし、ここではそれについてふれるわけにはいかない。

要するに、一九〇五年段階で提起されているレーニンのロシア革命にかんする戦略戦術は、レーニン型の二段階革命論というように明確にいわなければならないと考える。スターリニストやその他の二段階革命論とは若干、質が異なるわけである。レーニン型という規定性をもった二段階革命論でなければならない。なぜなら、レーニンは、「社会主義的変革あるいは社会主義的独裁を一瞬たりとも忘れてはならない」ということを力説しているからである。まさにこのような問題意識があったからこそ、一九一七年二月革命の直後、いわゆる「四月テーゼ」をレーニンは提起しえたわけである。この四月における戦略転換は、ただたんにレーニンの政治的感覚、現実主義のあらわれである、というように断定しきってはまずいように思われる。一九六四年十月の「レーニン研究会」で、「四月テーゼにおける戦略転換は、レーニンの経験主義、政治技術的な、現実的な感覚にもとづく」というように矮小化してしまってあるけれども、それは若干、訂正を要するように思われる。

とにかく、『二つの戦術』で強調されているような「社会主義的独裁、プロレタリアート独裁を一瞬間たりとも忘れてはならない」というこの問題意識のゆえに、現実認識に媒介されつつ「四月の転換」がなされたのだ、というように表現した方がことの正鵠を得ているのではないか、というように思われる。最小限綱領と最大限綱領とを完全に機械論的に切り離した第二インターナショナルにたいして、最小限綱領あるいは行動綱領を実現するためのブルジョア民主主義革命とその徹底的完遂とをプロレタリアートのヘゲモニーのもとに完遂していく、というこのレーニンの考え方をはっきり前面に押しだす必要があるだろう。ブルジョア民主主義のための闘争の枠内におけるその突破ということが語られている点を明確にすることによって、スターリン＝ブハーリン型の二段階革命論や現代のスターリニストのそれにたいする批判をおこなわなければならないと思う。

この問題は、第一章の末尾、および第二章、さらにたぶん第十二章の最後の部分で簡潔に展開されているわけである。第一、二章にかんしては、いわゆる革命的臨時政府にかんするレーニンの位置づけ、若干、屁理屈的なところをもった位置づけを追求する必要がある。なぜなら、メンシェヴィーキは「ブルジョアジーが尻込みするからブルジョア民主主義革命のための闘争をプロレタリアートはやるべきではない」と言うのにたいして、レーニンは、「たとえブルジョアジーの力を強化するというような結果になったとしても、やはりプロレタリアートの代表は革命的臨時政府に参加すべきである」というような展開をおこなっていること、そして第十二章の終りだと思ったけど、十三章だったか忘れたけれども、とにかく結論的な部分で、ブルジョア民主主義革命のための闘争とその徹底的完遂の連関づけがなされている点[5]があった。これをピックアップする必要が絶対にあるように思う。この前の総括のときでは、この点がぬけていたように思う。いま思いだした。

さらにまた、レーニンのブルジョア民主主義革命論を追求していくためには、当時のロシア社会民主党が掲げていたスローガン、「民主共和制の樹立」「八時間労働日」「土地革命」、このような三本立てのスローガンそれ自体の追求をおこなっていく必要があるだろう。とくに第三者のスローガンは、レーニンの「両極分解」論や「二つの道」理論などに規定されてさまざまな変転をとるわけである。これが渡辺寛の『レーニンの農業理論』〔御茶の水書房、一九六三年〕で追求されているところのものである。いわゆる「国有化」のスローガンをめぐる論争とか、ナロードニキが主張したところの、ロシアに存在しているところのカギ括弧づきの「共同体」を直接的に共産主義の母胎たらしめることができるという主張を、レーニンがどのように粉砕したのか、というような問題などは別に追求されなければならない事柄である。とくに「四月テーゼ」におけるこの三つのスローガンのレーニン的な解釈は、きわめて技術的、政治的なものであった。したがって、ロシア革命にかんする基本スローガンのそれぞれの段階における改変をそれ自体として、われわれとしては追求していく必要があるだろう。

レーニンの世界革命の立場

さらにブルジョア民主主義の枠のなかでそれを突破するための闘いをプロレタリアートが遂行するという問題と、世界革命の一環としてこの革命を遂行していくというレーニンのインターナショナリズムとの関係についても追求していかなければならない。この『二つの戦術』

においても、世界革命の一環としてロシア後進国革命をかちとるということは、トロツキーと同様につらぬかれているわけである。現代のスターリニスト、なかんずく代々木スターリニストなどが、レーニンのこの『二つの戦術』という本を利用する場合には、『二つの戦術』という本の根底にあるレーニンのインターナショナリズム、あるいは世界革命の一環としてロシア革命をかちとるという立場の問題が完全に無視抹殺されてしまい、一国革命主義の節穴からレーニンの『二つの戦術』で展開されている戦略戦術論を解釈している以上、われわれとしては、『二つの戦術』の根底にすえおかれているところの世界革命の立場、インターナショナリズムを前面に押しだして追求する必要があるだろうと思う。これは、「ヨーロッパ合衆国のスローガン」などとの関係においても位置づけられなければならないことである。(6)

とにかく、後進国革命先行パターンと西ヨーロッパ革命先行パターンとを分けて解釈するという対馬的な解釈ではならないのである。当時の一九〇五年段階のレーニンが西ヨーロッパ革命と後進国ロシアにおける革命との関係をどのように考えていたかの革命論的な構造、仕組みそれ自体が追求されなければならない。この問題については、トロツキーの永続革命論(『結果と展望』で展開されている)の方がはるかに明確になっていると思われる。が、しかしながら、『結果と展望』における革命のヨコへの永続的完遂の構造は接ぎ木的に展開されている、ということはいうまでもないであろう。各国革命それ自体の永続的完遂の構造、すなわちブルジョア民主主義革命からプロレタリア社会主義革命への直接的成長という側面と、各国革命のヨコへの永続的な完遂、つまり永続革命の国際的側面の問題、この両者が統一的に追求されようとしているのであるけれども、そのかんの論理構造は有機的に結びつけられておらず、機械的に接ぎ木されるというかたちになっていたわけである。

が、しかしながら、レーニンの『二つの戦術』においても西ヨーロッパ革命とロシア革命との関係の追求があるということを、われわれとしては見落してはならない。今日のスターリニストは完全に世界革命の問題を彼岸化してしまい、インターナショナリズムは形骸化されてしまっている。したがって、われわれとしては『二つの戦術』の根底にあるインターナショナリズムの問題、世界革命の立場の問題、世界革命の一環としてのロシア革命の位置づけにかんする問題を前面に押しだすことが絶対に必要であろうと思う。

以上は、プロレタリアートのヘゲモニーのもとにブルジョア民主主義革命という形式が完遂されていくと同時にその枠が突破されていくというような、レーニンの「ブルジョア民主主義革命とその徹底的完遂による社会主義的独裁の実現」という、このいわゆるレーニン型二段階革命論の形式的、本質的な構造についてふれただけである。さらに、レーニンがかかる革命を遂行していく主体をどのようにとらえていたか、労農独裁をうちたてる革命の主体たる労働者と農民との関係をどのようにとらえていたか、ということについて追求しなければならない。

（一九六七年六月十八日）

B　労働者と農民の同盟

『二つの戦術』という本で展開されているレーニンの戦略戦術の第二の特徴は、「ブルジョア民主主義革命に展開力を与えるプロレタリアート」とレーニンが言っているところのもの、いいかえるならば後進国ロシアにおけるブルジョア民主主義革命遂行主体の実体的構造にかんする問題である。

いうまでもなく一九〇五年前後の段階においてレーニンは、「労農独裁」というカテゴリーを提起したけれども、その遂行主体としての労農同盟の問題にかんしては明確には提起していない。この労農同盟論が提起されるのは、いうまでもなく「資本主義発達における二つの道」、先進国型と後進国型、アメリカ型とプロイセン型というような、かの「二つの道」理論がうちだされた以後のことである。このことは、渡辺寛の『レーニンの農業理論』という本で展開されているところのものである。が、しかしながら、『民主主義革命における二つの戦術』というこの本においても明確なかたちで労農同盟論が提起されていないとしても、ブルジョア民主主義革命、労農独裁をうちたてる革命遂行主体はプロレタリアートと農民とのあいだの結合にある、ということは明確に提起されているのである。すなわち、「プロレタリアートと農民とは合流しなければならない」とか「農民はプロレタリアートの同盟者である」というようなことが二、三度でてくるわけである。これは、労農独裁という権力をうちたてるためには、どうしてもプロレタリアートだけでは実現できない、プロレタリアートと小ブルジョア農民との利害の統一にもとづいて革命は遂行されなければならない、というように考えていたわけである。

たとえ「労農同盟」というカテゴリーが成立していないとしても、そのようなものはすでに一九〇五年段階において即自的に提起されている、というようにわれわれは考えなければならない。しかしながら、労働者と農民との利害の統一がたとえ論じられていたとしても、当時のレーニンの資本主義論とか権力論などに規定されて、当然のことながら労農同盟の問題は明確に提起されえなかったのである。ただたんに、この段階においては、労働者と農民とは利害を共通にするのであるからして労農独裁をうちたてるための民主主義のための闘争を徹底的におこなわなければならないというようなことが、たぶん第十一章や第十二章あたりで展開されているわけである。利害の共通性という点から労農独裁を遂行する主体の問題が追求されているにすぎないということである。

余談であるけれども、レーニンは小経営農民を「ブルジョアジー」と呼んでいる。これは間違いである。われわれとしては、あくまでも、小経営者、小商品生産者としての農民は、小ブルジョアジーと呼ばなければならない。が、しかしながら、レーニンは「ブルジョアジー」というように農民を規定している。これは間違いである。藤本進治も農民を「ブルジョアジー」と呼んでいる。それはともかくとして、「労農同盟」というカテゴリーがまだ明確に提起されておらず、労働者と農民との利害の共通性という観点からこの両者の合流、両者の同盟が即自的に語られているにすぎないということである。

では、一体なぜ、このような展開にしかならなかったか。まず第一に考えられることは、十九世紀中葉のフランスにおける階級闘争から導きだされたところのマルクス的な権力移動論が、直接的に後進国ロシアにおける革命の問題を考察する場合にもちこまれたということ。そして、第二には、これと密接不可分に結びついているところの、後進国ロシアにおける階級関係の分析の一面性に規定されているということ。そして第三には、ロシアにおける政治経済構造とその上にそびえたつ国家権力との関係のつかみ方のレーニン的一面性に規定されていること。この三つに起因すると考えられる。

まず第一の問題は、『二つの戦術』という本の付録のⅢに掲げられている論文を検討するならば、たちどころに分かる事柄であるわけだ。すなわち、十九世紀中葉の西ヨーロッパにおける革命の問題を検討した際にマルクスは、ブルジョアジーから小ブルジョアジーへ、さらにプロレタリアートへ、というように権力移動を考えていたわけである。そしてこれは、この本にも引用されているように、一八九四年の老エンゲルスが「イタリアの小ブルジョア民主主義革命」についてふれた場合にも、はっきり露呈しているところのものであるわけだ。このようなマルクス・エンゲルスのいわゆる権力移動論を基準とし、それを後進国ロシアの革命の場合にもあてはめるということから、レーニンの労農独裁論が導きだされたということである。もちろん、その場合にレーニンは、十九世紀中葉の西ヨーロッパで提起されたところのかの権力移動論に若干の訂正を加えつつ、それをロシア型に改変しているわけである。それが付録のⅢで端的にしめされている。

すなわち、十九世紀中葉の民主主義革命の場合の主体はプロレタリアートと都市小ブルジョアである、というようにマルクスは呼んでいるわけである。この「都市小ブルジョア」といま言ったところのものは、『全集』でも『選集』でも文庫版でもすべて「ブルジョアジー」というように訳されている。が、しかしながら、原語は Bourgeoisie《ブルジョアジー》 ではなく Bürgerschaft《ビュルガーシャフト》 となっている。「ビュルガー」とは市民であるわけだ。「シャフト」がついているから、市民層というようにでも訳すべきところのものであるらしい。とにかく、「ブルジョアジー」と「ビュルガーシャフト」とは異なる。「ビュルガーシャフト」は都市小ブルジョアというように考えなければならないであろう。ところが、翻訳においては、故意か偶然か、「ビュルガーシャフト」というような原語がはさまっているにもかかわらず、「ブルジョアジー」というようになっている。これはおそらくレーニンが翻訳する場合に、「ビュルガーシャフト」を「ブルジョアジー」と訳したのであろうと思う。マルクスの論文からの引用のところは「ビュルガーシャフト」になっている。しかしながらこれは、都市小ブルジョアというようにわれわれは考えなければならない。

西ヨーロッパの場合には、プロレタリアートと小ブルジョアとが主体となってブルジョア民主主義革命を実現する、あるいは小ブルジョア的な権力を樹立するという可能性をマルクス・エンゲルスが考えていたわけであるけれども、この都市小ブルジョアとプロレタリアートの実体関係は、後進国ロシアにおいてはプロレタリアートと農民との関係でなければならない、というようにレーニンは解釈を下すわけである。民主主義革命の主体は西ヨーロッパにおいては労働者と都市小ブルジョアからなる人民あるいは平民であるけれども、後進国ロシアの場合には労働者と小ブルジョア農民によって実現されるのだ、そこからしてレーニンは、労農独裁を遂行する主体はプロレタリアートと小ブルジョア農民であるというように規定するわけである。これは明らかに大枠においては、マルクス・エンゲルスのいわゆる権力移動論を受け継ぎつつ、民主主義革命を遂行する主体をロシア型に規定しなおしたぐらいのものであるといわなければならないだろう。

ロシアの階級分析の一面性

ところで、今ちょっと前にふれたように、レーニンは「ビュルガーシャフト」＝都市小ブルジョアとブルジョアジーとの区別がつけられていない。そしてまた、農民を「ブルジョアジー」と規定しているということとも関係すると思うけれども、現存するロシアの君主制（この問題については後でふれる）に反対するブルジョアジーには二通りある。共和主義的なブルジョアジーと君主主義的ブルジョアジー、「君主制的ブルジョアジー」と訳されたかどっちか忘れた。とにかく現存する君主制に妥協するところの君主制的なブルジョアジーと、それから共和制的なラディカールなブルジョアジーとに分けられている。この場合の「ブルジョアジー」は何をさすか明確ではない。農民および資本家の両方をさしているのかも知れない。そのような曖昧な点があるわけである。

とにかく、君主制に反対するのにはまずブルジョアジーがあるけれども、このブルジョアジーには君主制的反動的なブルジョアジーと民主主義的な共和主義的なブルジョアジーとがある、そして徹底的に君主制に反対するのはほかでもなくプロレタリアートである、というような階級的実体関係の分析をレーニンはおこなう。そして、メンシェヴィーキの場合には「ブルジョアジーが尻込みするからブルジョア民主主義革命はできない」というような発言をおこなうのにたいして、レーニンは、プロレタリアートのヘゲモニーのもとに民主主義的、共和主義的ブルジョアジーを引きつけて君主制を打倒するという路線を提起するわけである。これは、「革命的臨時政府」のスローガンの周辺のあたりの分析にも端的にしめされているところのものである。

が、とにかく、レーニンの階級分析としては、ブルジョアジーと小ブルジョアの区別がなされていない。したがって、農民がブルジョアジーなのか小ブルジョアジーなのかという規定も明確にはなっていない。「労農独裁」というものが「ブルジョア民主主義革命」というように定義されたということは、農民をブルジョアジーと規定していることとも関係すると思われるのである。レーニンの場合には、小ブルジョアジーというものの明確な位置づけがこの本にはなされていないということをおさえておく必要があるだろう。

要するに、まず第一の問題は、マルクスが民主主義革命あるいは小ブルジョア権力をうちたてる場合の実体として考えたところのもの、つまり、労働者と都市小ブルジョアというこの二つを含む平民あるいは人民を、ロシアの場合には労働者と小ブルジョア農民であるというように変えたことが、第一の問題である。だから、大枠においてはマルクスの権力移動論をロシアの現実にもちこんでいるわけであるけれども、その場合の適用限界を論じ、都市小ブルジョアのかわりに小ブルジョア農民をとりあげたということである。

ところで、このようにブルジョア民主主義革命あるいは労農独裁を樹立する主体の規定と密接不可分に結びついているところのものは、先に述べた第二の問題、すなわちレーニンによるロシアにおける資本主義の発達のつかみ方にかんしてであるわけだ。

いうまでもなくレーニンは、資本主義が発展するならば、つねにかならず『資本論』で展開されているようなプロレタリアートとブルジョアジーとへの両極分解が発生すると考えていたわけである。だがしかし、その場合にレーニンは、故意か偶然かよく分からないけれども、根源的蓄積過程の問題をまったく無視しているわけである。ただ単純に、ブルジョアジーとプロレタリアート、この両階級への完全な分解がうみだされると考えていた。したがって、ロシアに残存している前近代的なカギ括弧づきの「共同体」を実体的基礎として共産主義の実現を考えているナロードニキにたいして、徹底的に反対したわけである。封建社会におけるカギ括弧づきの「共同体」に縛られている賦役労働あるいは雇役労働を除去していくということが当面の農村における階級闘争の環である、とレーニンは考えていたらしい。

雇役というのは、簡単にいうならば、農業プロレタリアートへの過渡的な形態であるわけだ。かかる雇役労働をおこなっている農民にたいして封建領主の土地を与えるためにプロレタリアートはたたかわなければならないという、かの有名な「切り取り地綱領」がたしか一九〇三年ぐらいに提起されているはずである。これは明らかに、農業における階級分化を促進するためにプロレタリアートは力を貸し、たたかわなければならない、「土地を農民へ」というかたちで追求していたわけであり、雇役労働者である農民を小経営者、商品生産者に高めていくためにプロレタリアはたたかうというような、まったく今日では考えられないスローガンを提起しているわけである。これは、レーニンのいわゆる「両極分解」論から導きだされた農業綱領であるわけだ。

まさしくこのゆえに、労働者と農民との同盟という問題は明確には提起されえないのである。

ただたんに、プロレタリアートは土地を要求している農民を支持してたたかう、この階級闘争、農民の階級闘争とプロレタリアートの階級闘争とを――「八時間労働日」を要求するとか、ブルジョア民主主義的な自由を要求するプロレタリアートの闘いと――結合させる、というような方針しか当時の段階ではだせなかった。が、しかしながら、この両者を結合してブルジョア民主主義革命、あるいは労農独裁を樹立するのだ、というのが当時のレーニンの展望であったわけである。

要するに、労働者と農民との階級的実体関係の問題をレーニンが考察する場合には、その根底に商品生産一般、あるいは単純商品生産から資本制商品生産への直接的な連続的な発展観があったということ。これは、今日のスターリニストにおいては商品経済史観というように純粋化されてあらわれているわけである。根源的蓄積過程における、前近代社会に存在していた商品経済の断絶による資本制商品経済の発生、このダイナーミックな構造をつかみとることができないのがスターリニストであり、そしてまたそれを準備したのがレーニンの「両極分解」論であるわけだ。先に、レーニンは『資本論』第二十三、四章（第一巻の）を直接あてはめたと言ったけども、これは不正確である。

とにかく、前近代社会に発生した商品生産から資本制商品生産が直接的連続的に発展してくるというような考え方、根蓄の問題を放逐した商品経済史観のようなもの、これがブルジョアジーとプロレタリアートへの「両極分解」論としてあらわれてくるわけである。このような封建制から資本制経済への発展のレーニン的な単純なつかみ方にもとづいて、プロレタリアートと農民の闘いとの結合をレーニンは論じているにすぎないということである。

帝国主義段階への突入の認識の欠如

このような単純なロシアにおける資本主義の発達のつかみ方と密接不可分に結びついているところのものが第三の問題、つまりロシアにおける政治経済構造と、その上にそびえたつツァー権力との関係のつかみ方の一面性にかんしてである。このことは、付録のⅡにわれわれは見ることができるわけである。

すなわち、そこでレーニンは、経済的土台と政治的上部構造との一般的な関係を直接的にあてはめる、ということをやっているのである。簡単にいうならば、経済的下部構造はブルジョア的なものになっている、にもかかわらず政治的上部構造はツァー君主制である、したがって経済的土台の資本制的性格に見合ったかたちでの上部構造をつくりださなければならない、というようにレーニンは言う。そして、ほかならぬこの経済的土台のブルジョア的性格に見合ったかたちでの政治的上部構造とはブルジョア民主主義革命による労農独裁の樹立である、などというような史的唯物論の公式をあてはめた解釈のようなものがなされている。これは、レーニンによる史的唯物論の理解の公式主義的な性格――これは『「人民の友」とはなにか』〔一八九四年〕にすでにあらわれている――の戦略戦術論へのもちこみであるといわなければならない。

だがしかし、われわれとしては、まず第一にいわなければならないことは、まずもって帝国主義的段階におけるロシアの政治経済構造の分析でなければならないということ。にもかかわらず、一九〇五年前後の段階におけるレーニンは、世界の資本主義が帝国主義段階に突入したということとの認識は明確にはもっていない。帝国主義的段階へ資本主義が突入することによって両極分解を明確にうながすことなく、むしろ農民分解を阻止したり中小企業を温存させるための政策を独占がとる、この帝国主義段階の政治経済構造の特殊性についての認識がレーニンにまったくない。ただもっぱら、商品生産から資本制商品生産が直接的連続的に発展してくるのだというような考え方にもとづいて、戦略戦術がたてられているにすぎないということである。帝国主義段階における資本制経済の形態変化そのものがつかまれていないということが、まず第一の問題である。

そして第二は、これと密接不可分に結びついているわけであるけども、ツァー権力、一九〇五年以後のツァー権力を依然として「君主制」というように呼んでいる点が問題なのである。いうまでもなく、君主制あるいは絶対主義は封建制から資本制への過渡期に存在していた権力であるわけだ。ところが、帝国主義段階における後進国の権力をこのような絶対主義というように表現するわけにはいかない。帝国主義的段階の後進国に存在するカギ括弧づきの「君主制」は、むしろボナパルチスト権力と呼ばなければならないわけである。

ツァーの場合には、ツァー君主制ではなくして、ツァー・ボナパルチスト権力というようにわれわれは定義しなければならないと考える。経済的下部構造は帝国主義的段階に突入し、その上部構造は封建制から資本制への過渡期に発生する絶対主義である、というような具合に分析することは絶対にできないわけである。経済的下部構造が帝国主義的段階に規定されたものへ形態変化をとげている以上、その上にたつ政治的上部構造もまた、封建制から資本制への過渡期に発生する絶対主義ではなくしてブルジョアジー独裁の一形態としてのボナパルチスト権力としてとらえなければならない。まさしくこのようなボナパルチスト権力がツァー専制国家である、というようにわれわれとしてはとらえるべきである。とするならば、帝国主義的段階におけるブルジョアジーの独裁の一形態としてのボナパルチスト権力を打倒するための闘いは、ブルジョア民主主義革命ではなくして、まさしくプロレタリア革命として本質的にはとらえかえされなくてはならなくなるはずである。

ところが、レーニンは、まずロシアの、後進国ロシアの資本主義の発達を例の「両極分解」論にもとづいて単純に理解し、帝国主義的段階におけるロシアの政治経済構造の形態変化を明確につかんでいない。したがって、その政治的上部構造もツァー君主制というように単純に理解してしまっている。まさしくこのゆえに、先に述べたような資本主義的な下部構造に見合ったかたちでの資本主義的な政治的上部構造をうちたてなければならない、そのためにはツァー君主制、ツァー絶対主義を打倒してブルジョア民主主義革命を遂行し労農独裁をうちたてるのだ、というような定式化をおこなわざるをえなかったと考えられるのである。

要するに、ロシアにおけるブルジョア民主主義革命なるもの、そしてその遂行主体の実体的構造をレーニンが論じる場合には、明らかに史的唯物論、経済学などの一面的な把握に基礎づけられているといわなければならない。『二つの戦術』という本の第六章、商品生産──→資本制商品生産という「両極分解」論が典型的にあらわれているところのもの。付録のⅡ、経済的土台と政治的上部構造の一面的なつかみ方が端的にしめされている。本文の第十一、二章においては、農民のレーニン的な規定が展開されている。これらの諸章をつうじて分かるところのものは、以上述べたような三つの欠陥の複合であるということである。

再び簡単にくりかえすならば、まず第一に、マルクスが小ブルジョア権力、あるいはエンゲルスいうところの「小ブルジョア民主主義革命」の遂行主体として規定したところのプロレタリアートと都市小ブルジョアを、ロシア的に改変してプロレタリアートと小ブルジョア農民に置き換えたということ。

そして第二には、根源的蓄積過程の問題を完全に追放した、前近代社会における商品経済から資本制商品経済への直接的な発展、あるいはプロレタリアートとブルジョアジーとへの単純な「両極分解」論をロシアの資本主義発達にあてはめつつ、そこから、たとえば典型的には「切り取り地綱領」をレーニンは提起したということ。

そしてさらに、帝国主義的段階における資本制政治経済構造の形態変化をつかみとることができない。つまり、独占体は非独占体を残存させることによって、むしろみずからを強化していくという特殊な構造をうみだすとか、農業における資本主義化を阻害し小商品生産者としての農民を広範に残存させるというような新しいかたちが発生した、ということの認識がレーニンには無いということ。これと関連して、帝国主義的段階に突入したロシアの政治的上部構造は、当然にもブルジョアジー独裁の一形態としてのツァー・ボナパルチスト権力というように一九〇五年以後はとらえるべきであるにもかかわらず、一九一七年二月までのツァー権力をレーニンは「君主制」と呼んでいるということである。このようなチグハグな経済構造の把握および政治的上部構造の把握に規定されて、レーニンの戦略戦術がうちだされているということである。

トロツキーの純粋プロレタリア主義的傾向

このようなレーニンにたいして、しからばトロツキーはどうであったか。いうまでもなく『一九〇五年革命・結果と展望』という論文を執筆した当時のトロツキーは、すでに二十世紀の資本主義が帝国主義に突入しているということの直観にもとづいて、彼のロシア革命の戦略はうちたてられているのである。これは『結果と展望』の新版の一、二、三章あたりを読むことによってさらに具体的に検討していくとして、とにかく、帝国主義段階への突入の直観にささえられつつ、「ロシアにおける革命はブルジョア民主主義革命からプロレタリア革命への直接的成長をめざしてたたかわなければならない」というようにトロツキーはかの永続革命論を提起したわけである。この場合には、レーニンとは違って、革命の全過程をプロレタリア革命遂行過程としてとらえ、その端緒的任務として、彼いうところのブルジョア民主主義革命が位置づけられているわけである。これがレーニンとトロツキーとの本質的な違いである、ということについてすでに述べたから、ここでは述べないことにする。

そして、革命遂行主体の理解のしかたについてはどうかというならば、トロツキーにおいては、やはり西ヨーロッパ的なインテリジェンスとも関連して、純粋プロレタリア主義的な傾向があったということは否みがたい事実である。が、しかしながら、スターリニストがいうようにトロツキーは農民の問題をまったく無視しているわけでは決してないのである。『結果と展望』の第五章か六章などに展開されているように、労働者と農民との結合をトロツキーもまた考えていたわけである。が、しかしながら、不断に展開される階級闘争のただなかにおいて、どのようにプロレタリアートのヘゲモニーをうちたてつつ農民を引きつけるかの組織戦術的な展開には、もちろん、なっていないわけである。階級関係の政治力学を分析しつつ、農民はプロレタリアートとともにたたかうべきであるというようなことか、あるいはうちたてられたプロレタリアート独裁権力の実施する政策の面から農民問題を追求しているという逆倒した追求しかなされていないのである。これは明らかに、組織論の欠落したトロツキーの政策、カギ括弧づきの「政策」主義に起因しているわけである。そして、これはいうまでもなく、階級関係の分析が政治力学的になされ、階級間の政治力学を変革することが革命であるというように単純に考えられている、ということと不可分の関係にあるわけである。

このような階級的諸実体のあいだの政治力学を変える、そのために革命を遂行していくという意味では、レーニンもトロツキーもまったく同じである。が、しかしながら、レーニンはロシアの後進性に立脚しつつ、どのように革命をおしすすめていくか、というように現実主義的に問題をたてているのにたいして、トロツキーはむしろそれとは反対に、実現されるべきプロレタリア革命から逆限定しつつ本質論的に把握しようというようになっている。その意味で、純粋プロレタリア主義的な傾向があらわれるし、彼の理論展開には原則主義的なものがあるといわなければならないであろう。

とにかく、ロシアにおける革命の問題へアプローチする場合の視角が異なるということ。レーニンの場合は現実主義的に、トロツキーの場合は本質論的あるいは原則主義的に展開されているということである。それゆえに、トロツキーの場合には、彼の純粋プロレタリア主義とでもいうべき傾向が『結果と展望』のなかにもすでにほのみえているのにたいして、レーニンの場合には、クソリアリズム的に——経済学や史的唯物論が歪んだまま——ロシアの革命をブルジョア民主主義革命＝労農独裁の樹立というように考えたということである。

が、とにかく、革命遂行主体のとらえ方としては、両者いずれも労働者と農民との提携というようなことは考えていたように思われる。が、しかしながら、この問題も、レーニンの場合には一九〇七年か一〇年頃、労農同盟論として明確に提起されていくけれども、トロツキーの場合にはそのようなことはまったくなかったことはいうまでもない。とはいえ、レーニンの場合もトロツキーの場合も、いずれも革命の主体たるプロレタリアートのヘゲモニーを力説し、党の階級的独立性を主張しているという意味においては、また同じであるといわなければならないだろう。

C　不確定戦略

さて、ブルジョア民主主義革命の遂行主体の右のようなとらえ方から必然的に帰結されるところの、『二つの戦術』に展開されているレーニンの戦略論の第三の特徴は、いわゆる不確定戦略であるということである。

現存するツァー君主制なるものにたいして、一方では、共和主義的、民主主義的ブルジョアジーが反対すると同時に、他方では、それに徹底的に反対して民主主義革命を最後まで進めていくのがプロレタリアートと農民の闘いである、というように定義されているわけであるけれども、プロレタリアートと農民とによってうちたてられるべき労農独裁は最も徹底的な可能性としてレーニンは認めているわけであるけれども、しかしながら、他の可能性についてもくりかえし述べているわけである。簡単にいうならば、小ブルジョア党の独立性をレーニンは認め、かかる小ブルジョア党のヘゲモニーによってブルジョア民主主義革命が実現される場合と、労農独裁権力がうちたてられる場合、この二者の中間の種々の権力樹立を予定しているわけである。これは第六、十章に展開されているわけである。

メンシェヴィーキの場合には「ブルジョアジーは革命においては尻込みをする、だから臨時政府に参加すべきではない」などというような展開をおこなっているのにたいして、レーニンは「上からの統一戦線」と「下からの統一戦線」というカテゴリーを使って「革命的臨時政府への参加」を力説しているわけである。すなわち、プロレタリア党の統制と規律のもとに革命的臨時政府に参加した者をコントロールする、と同時に労働者・農民の闘い（これを「下からの統一戦線」と呼ぶ）、闘いによってそれをバックアップする、というようなシェーマを考えていたらしい。そして、このような革命的臨時政府が、たとえブルジョアジーを強化することになるだろうとしても、革命的臨時政府に参加しなければならない、というようなことが「ロシア社会民主党第三回大会テーゼ」のなかにみえるわけである。しかも、この革命的臨時政府は「武装蜂起の機関である」というようにレーニンは定義しているのである。当時の段階においてはсовет《ソヴェト》という概念がまだ成立してはいない。そして武装蜂起の機関たる革命的臨時政府は、それ以後の理論展開においては労農独裁というかたちに発展していくわけである。

しかし、とにかく、この『二つの戦術』で展開されているロシア革命の戦略はブルジョア民主主義革命であるとまずもって定義され、そしてこのブルジョア民主主義革命は最右翼としては小ブルジョア党のヘゲモニーのもとにうちたてられる権力、最左翼は労農独裁の権力というように措定され、そしてこの中間の諸形態が現出するかも知れないという可能性を、たとえば第十章でレーニンは力説しているのである。これを「不確定戦略」というように呼んでいるわけである。

トロツキーの場合には、小ブルジョア農民党の独立的な創造は決してありえない、ということを力説していた。これは、実際の理論展開としては『永続革命論』第三章あたりで展開されているわけである。この『永続革命論』三章あるいは五章だったか忘れたけれども、とにかくここでの展開は、十九世紀中葉のヨーロッパにおいてマルクスが展望したところのかの権力移動論の適用限界を明らかにすると同時に、それを媒介としつつレーニンの労農独裁論の批判が展開されているわけである。労農独裁というのは労働者と農民の算術的な平均、あるいは

arithmetical《アリスメティカル》 quantities《クオンティティズ》ではない、労農独裁は algebraic《アルジェブレイク》 quality《クオリティ》である、代数的な質のものである、というように追求することによって、レーニンを批判しているわけである。(7) これはかなりレーニンの労農独裁論を好意的に、あるいはレーニンと同じ論理的能力の枠内における批判であるといえるかも知れないけれども、トロツキーの言いたいことは要するに、小ブルジョア党の独立した存在はありえないということ。したがってレーニンのように、ブルジョア民主主義革命が小ブルジョア党のヘゲモニーのもとに実現される場合もあるかも知れないというような予想をたてることは間違いである、というような主張が重要な事柄であるといわなければならない。

このように、小ブルジョア農民党の独立性とそのヘゲモニーのもとにおけるブルジョア民主主義革命なるものの実現をトロツキーは明確に否定したということは、トロツキーの永続革命論ならびに彼の純粋プロレタリア主義から直接的に導きだされうるところのものであるわけだ。

ところが、レーニンの場合には、プロレタリアートのヘゲモニーならびにプロレタリア党の階級的独立性を力説しているにもかかわらず、後れたロシアの政治経済構造に規定された階級分解の未成熟のゆえに、小ブルジョアジーのヘゲモニーのもとにあるブルジョア民主主義権力から労農独裁権力にいたる種々の中間的な諸形態が創造されるという可能性を提起しているわけである。これが、いわゆるレーニンの不確定戦略である。なぜこのような不確定戦略が導きだされたかというならば、いうまでもなく問題設定のしかたそのものにあるといわなければならない。

すなわち、レーニンの場合には、まずもってブルジョア民主主義革命を遂行することが当面のロシアにおける革命の任務であり、そしてこれを徹底的に完遂することによって「社会主義的独裁」とレーニンが呼ぶところのものへ発展させていく、という考え方が根底にあるのである。――ロシアは政治的および経済的に後れた国である。それゆえに権力一般の奪取、プロレタリア革命を実現することは直接なしえないのである。さしあたりまず、革命的臨時政府へ参加する、あるいは労農独裁権力をうちたてることを第一歩として遂行し、かかる民主主義革命の遂行を、しかもプロレタリアートが主体となっておこなう。まさにそれゆえに、ブルジョア民主主義革命に「展開力」が与えられる。ブルジョア民主主義革命の枠のなかにおける闘いにおいて、その枠を突破するモーメントが築かれる、そこから社会主義的独裁なるものへの発展がおこなわれるのだ、というように考えていたことにもとづくのである。

問題設定があらかじめブルジョア民主主義革命であるとされていることに、すべての原因があるように思われる。トロツキーの場合には、ロシア革命を帝国主義段階におけるプロレタリア革命の一環としてとらえる、という姿勢が最初からある。それゆえにプロレタリア革命をどのように遂行していくか、というように問題がたてられているのにたいして、レーニンの場合には、まずもってブルジョア民主主義革命を遂行する、これが第一歩である、と考えてしまっている。ここにすべての誤謬の出発点があるように思われる。

労農独裁論がなぜ導きだされたか

なぜ、このような問題提起がなされてしまったかというならば、ロシアの政治的および経済的構造の、先に述べたようなレーニン的把握に規定されている。ロシアにおける資本主義の発達を徹底化するためにプロレタリアートおよびプロレタリア党はたたかわなければならないとか、帝国主義段階に存在するツァー君主制を打倒することはブルジョア民主主義革命であるとかというような、史的唯物論的にはまったく理解できないような展開にささえられてしまっているからである。

そればかりではない。革命遂行主体を、プロレタリア階級の外部に存在しているところのレーニン的な前衛党、つまり職業革命家集団としての前衛党が革命にむかって決起させる、あるいは動員する、という角度からのみ追求されているということである。革命遂行主体の組織化の構造を追求するというよりはむしろ、プロレタリア階級の外部に存在しているレーニン型の前衛党が外部から革命的な方針・政策・戦術をうちだすことによって、労働者や農民を革命にむかって動員し決起させる、このような政治技術的あるいは機能主義的な、悪い言葉で言うならば大衆操作主義的な階級闘争観がレーニンの根底にあった。まさにこのようなことからして、二段階革命論の第一段階の遂行のしかたにおける欠陥が発生している、ということをわれわれは見落してはならないと考える。

そもそもレーニンにせよ、トロツキーにせよ、現存する階級的実体関係、政治力学を分析し、その政治力学的な関係を変革する、そのための外部に存在している党、というように理解されているのである。このような、われわれの概念でいうならば、組織戦術ぬきに、単なる革命的な政策や戦術をもって革命にむかって労働者や農民を動員していく、というような当時の、つまりツァーのもとでの階級闘争の形態に決定されているのだといわなければならないであろう。要するに、ツァー専制国家のもとでの階級闘争と、それにたいするレーニン型の前衛党のかかわり方、この点に象徴される歴史的限界との関係において、かのレーニンの不確定戦略の問題が追求されなければならないということである。

帝国主義段階における世界プロレタリア革命の一環としてロシア革命を遂行する、そしてこのような革命の主体をどのように組織化していくか、労農同盟をどのようにつくりだしていくかというように問題がたてられなかった、一九〇五年の『二つの戦術』において。それは、明らかに次のような諸々の欠陥や誤謬の集中的な表現であるといわなければならない。

すなわち、まず第一に、二十世紀後進国ロシアの政治経済構造の把握を「両極分解」論によって単純に割りきったということ。簡単にいって、現状分析における失敗。

第二には、これと関連したツァー専制国家の国家論的な規定における失敗。これを封建制から資本制への過渡期の絶対主義権力というようにレーニンは考えていた。したがって、ツァー絶対主義を打倒するのはブルジョア民主主義革命である、というような定義が導きだされた点に端的にしめされているところのものである。

そして第三に、レーニンの史的唯物論の理解のしかた、あるいは社会史の発展の公式主義的な理解のしかたが直接的にあてはめられたということ。封建制からうみだされるのは資本主義であり、資本主義の次は社会主義である、というようなこの社会構成体の形態転換が単純にあてはめられたということ。あるいは、古典的なブルジョア革命からプロレタリア革命へ、というこの歴史的な発展過程が後進国ロシアにおける発展にも直接的にあてはめられることによって、まだブルジョア革命が完遂されていないロシアにおいてはまずもってブルジョア民主主義革命を遂行し、その次にプロレタリア革命の実現がめざされなければならない、というように考えられたということである。

これは、場所的現在における現実的諸問題の論理的解明にかかわる問題を歴史的な諸問題から直接的に説明しようとした誤謬にも関係するわけである。具体的にいうならば、西ヨーロッパにおいてはブルジョアジーが過去において遂行したことを後進国ロシアにおいては現在的に遂行しなければならないということ、ブルジョア革命そのものを、古典的なブルジョア革命そのものをロシアにおいて実現するのではなくして、古典的ブルジョア革命において遂行されたことを場所的現在において民主主義的、改良的な任務の遂行としてプロレタリア党は遂行する、というように場所的現在における論理的なものと歴史的なものとの統一において理解しえなかったということとも関係しているわけである。これはすでに『現代における平和と革命』などで展開されている事柄であるので、ここでは述べないことにする。

そして、さらに第四番目には、レーニン型の職業革命家集団としての前衛党というような理解のしかた、レーニン型の組織論の一面性についてである。レーニンがプロレタリア革命遂行主体としての前衛党の問題を提起したかぎりにおいては、これは決定的な意義をもっていることはいうまでもない。だが、それは、当時のロシアの現実に規定された歴史的限界をその内にもっているわけである。プロレタリア党として前衛党を創造するのではなくして、職業革命家集団としての党がプロレタリアートの外部につくりだされ、この外部に存在する前衛党が、たたかう労働者・農民にたいして革命的な戦術や政策を外部から注入する、というように端的に要約できるところのレーニンの組織論。このゆえに、現代革命の主体をいかに創造していくかの創造の論理がぬけおちてしまっているということ。

さらに、その次には、現代における大衆闘争と革命運動との関係のような具合には、ツァー専制国家のもとでは明確にはなっていなかった。当時の段階においては、労働組合をつくりだすことそれ自体も革命的な意義をもっていたし、先進資本主義国でおこなわれているような労働運動というものが、ロシアにおいては実現されなかった。ただもっぱら、或る一定の革命的な目標にむけて「全人民的な闘争」(レーニンの言葉)をいかに人民の外部に存在する前衛党がつくりだすか、というかたちでの問題追求がなされたということ。このようなレーニン型の階級闘争観ということも関連していると思われる。

革命遂行主体の組織化論の欠如

このレーニン的な階級闘争論という五番目の欠陥、それ自体歴史的限界にまつわりつかれているところの階級闘争論と、四番目の欠陥、つまり職業革命家集団としての前衛党というような一面的なとらえ方、この四番目と五番目に述べた欠陥から必然的に帰結されるところの第六番目の欠陥は、いうまでもなく革命遂行主体あるいは階級関係の力学的な分析はなされてはいるけれども、革命遂行主体をプロレタリア前衛党が不断にどのように組織化していくか、簡単にいうならばプロレタリアのプロレタリア階級への組織化ならびに統一戦線の問題が具体的に追求されていないということである。

この問題は、直接的には、マルクスの永続革命論あるいは権力移動論を後進国ロシアの革命戦略を提起する場合にあてはめたということと関連していると思われる。マルクスの権力移動論を基準としつつ、後進国ロシアにおいてそれを適用した場合には、都市小ブルジョアと労働者ではなくして、労働者と小ブルジョア農民との両者の闘いの合流をつうじてブルジョア民主主義革命を遂行し労農独裁をうちたてるのだ、というような結果的解釈がなされているにすぎないということである。階級関係の力学的な分析がなされているけれども、革命遂行主体の組織化の構造がまったく欠落しているということである。一方においては、ロシアにおける階級関係の政治力学の分析をおこない、他方においては、それを外部から指導する前衛党の独立的な地位、階級的独立性を主張する、これがレーニンの『二つの戦術』の根底にある考え方であるわけだ。これを別の言葉で言うならば、マルクスの権力移動論あるいは永続革命論とレーニン型の前衛党組織論との折衷的統一から、このレーニンの『二つの戦術』で展開されている労農独裁論が構成されている、と。

レーニンが前衛党組織論を明確に提起したということにおいては、マルクスの段階から前進していることはいうまでもない。マルクスは十九世紀中葉のヨーロッパにおいて革命本質論のようなものを追求した。が、しかしながら、その場合には、革命遂行主体の組織化の論理を前衛党組織論というかたちではまったく追求していなかったのである。まさにこの革命遂行主体の組織化の論理を前衛党組織論というかたちで追求した点に、レーニンの決定的な意義があるわけである。そのようなレーニンの優越性にもかかわらず、やはりマルクスの永続革命論あるいは権力移動論とレーニン型の前衛党組織論とが機械的に統一されているのが労農独裁論、機械的に統一されることによって労農独裁論がうみだされるというように表現してもいいと思う。レーニンの『二つの戦術』と『何をなすべきか？』というこの両者の関係とそれぞれの欠陥を克服していくということは今後に残されている問題であるわけだ。

それはともかくとして、ロシアの階級状況の政治力学的な分析がなされている、が、しかしながら、革命遂行主体として労働者階級や農民を組織化していくという視点がまったく欠落しているということは、五番目、レーニン流の階級闘争観、四番目、レーニンの前衛党論から導きだされるところの必然的な帰結であるということだ。後進国ロシアにおいて現存している階級関係の対象的分析はなされているけれども、かかる実体的な諸関係をどのように変革するか、その構造の追求がまったくなされていないということである。したがってまた、すでに述べてきたように「労働者と農民とのあいだの闘いの合流」とか「農民は労働者階級の同盟者である」というようなことが語られていたとしても、革命遂行主体としてこの両者が統一戦線をとり結ぶというような追求のしかたも、この段階ではなおなされていないわけである。

要するに、革命遂行主体をプロレタリア前衛党がどのように不断に労働運動をつうじて組織化していくかというかたちでのアプローチが欠落しているということからして、かの不確定戦略が導きだされたということである。しかも、それが解釈主義的になされているということとも関連して、小ブルジョア党によるブルジョア民主主義革命の実現の可能性をもレーニンは予測してしまったということである。このことはすでに述べたように、『永続革命論』の第三章か五章においてトロツキーが批判しているところのものであるわけだ。

要するに、この段階においてレーニンは、労働者階級と農民とのあいだの合流、闘いの合流、統一行動というものにはなっていない。この労働者と農民のあいだの闘いの合流は「両者の階級的利害の一致」という点から説明し、労働者と農民との合一した闘いを「全人民的な闘争」と呼んでいるわけである。両者の利害の共通性から全人民的な闘争をおこない、ブルジョア民主主義革命を遂行するというように考えているわけである。そしてブルジョア民主主義革命＝労農独裁が樹立したあとにおいては、この革命を遂行した「農民と労働者のあいだに階級闘争が続行される」のだというような表現が、たとえば第十二章だったと思うけれども、展開されているわけである。

ブルジョア民主主義革命の段階においては、まさに民主主義革命であるがゆえに労働者と農民とは「利害の一致」にもとづいて闘いを遂行するが、プロレタリアート独裁の闘いを実現する場合にはプロレタリアートと農民とのあいだの階級闘争として現象してしまうのだ、というような展開は、明らかに労働者と農民とのあいだの政治力学を変えていくということ、そういう視点からの追求であることは明らかである。ツァーあるいはブルジョアジーにたいして、小ブルジョア農民と労働者が闘いを組み、その当面の目標たる労農独裁を樹立した以後においては、労働者は今度は小ブルジョア農民とたたかうというようになる、――このようなレーニンの考え方を直接的に実現する場合には、たとえばスターリンによる農業の強行集団化などが発生するであろうし、そしてまた現在、「中国文化大革命」の名のもとに遂行されているような、彼ら言うところのカギ括弧づきの「階級闘争」を理論的に基礎づけるために利用されるものであるかも知れない。

現代のスターリニスト中国社会に展開されているいわゆる階級闘争は、直接レーニンのこの『二つの戦術』で展開されている労働者と農民とのあいだの闘いのあてはめであるとはかならずしもいいえないわけである。労農独裁を毛沢東の「連合独裁」とイコールスに考え、あるいは「新民主主義革命」とイコールスに考え、そしてこの革命権力が樹立された一九四九年以後の過程を「社会主義革命」というように彼らは呼んでいるわけであるけれども、その場合には小ブルジョア農民と労働者との直接的な闘争がおこなわれているわけではない。表面上は、毛沢東路線を貫徹せんとする一派と、彼らによって「党内の資本主義の道を歩む一握りの実権派」と断罪されているところの者とのあいだの闘争として現象しているわけであるから。

が、しかしながら、このような毛沢東の新発見、あるいは「マルクス・レーニン主義の偉大な発展」と彼ら自身によって称賛されているところのもの、いわゆる「社会主義社会における階級闘争」なるものは、レーニンの全人民的な闘争から、その全人民的な闘争を遂行してきた二つの主体、労働者と農民とのあいだの階級闘争が続行されることによって、「社会主義独裁」とレーニンが呼ぶところのものへ移行していくというような、このあたりの論理をあてはめて展開しているものではないかと思われる。が、このことについては文献がはっきりしていないので、ここではこれ以上述べないことにする。

要するに、直接的には、マルクスの権力移動論をレーニン的に解釈しつつ、ブルジョア民主主義革命、労農民主独裁を遂行する主体は労働者と農民の闘いであるというように理解し、この両者によって全人民的な闘争がおこなわれ、そしてこの全人民的な闘争をさらに社会主義的独裁なるものにむかって発展させていく、この場合に労働者と農民とのあいだの階級闘争が実現されるのだ、というような展開になっている。この点においても、明らかにレーニンが、労働者階級と農民とのあいだの関係を政治力学的にとらえ、その変革もまた政治力学的に推進していく、というように考えていたことがいえると思う。

ところで、このような全人民的な闘争を組織論的に反省しようとしているのが、藤本進治であるわけだ。『革命の哲学』〔青木書店、一九六四年〕第七、八章における展開は、全人民的な闘争と、それの徹底的な完遂というレーニンの『二つの戦術』の第十二章あたりで展開されている事柄に依拠しつつ、それを組織論的に展開しようと試みているわけである。藤本進治の場合には、「労働者と農民とのあいだの階級闘争」というようには問題をたてず、「統一戦線の内部におけるこの両者の相互媒介的な発展」というように展開されている。

簡単にいうならば、プロレタリアートは、彼によるならば、私的商品所有者である。が、これは、みずからを組織化することによって、プロレタリアは私的商品所有者的性格と組織性とを獲得する。そして、統一戦線の対象であるところの農民においては、プロレタリアートの私的商品生産者としての性格の外化されたものとしてとらえる。このようなプロレタリアの私的商品所有者的性格の外化された形態としての農民にプロレタリアの本質的な組織性を付与する。そうすることによって両者が、統一戦線の内部で交互媒介的にみずからを脱皮させていく――というような展開になっているわけである。これは、労働者と農民とのあいだの統一戦線あるいは労農同盟というような考え方が欠落していた『二つの戦術』の理論展開を、その後のレーニンの労農同盟論の角度から補強したものである、と簡単にいうことができるであろう。

進治の『革命の哲学』の批判的考察をおこなった際に、レーニンの『二つの戦術』の第二章が思い浮かばなかったので、ここで補足しておく。このようなレーニンの『二つの戦術』で展開されている全人民的な闘争と労働者、農民の関係のとらえ方との関係において、もう一度、藤本進治の、なかんずく第七、八章の再検討をおこなっておく必要があるだろう。

それはともかく、要するに、労働者と農民との関係を一九〇五年の段階のレーニンは、階級闘争における「利害の一致」という観点から論じているにすぎないということである。そして、このような論じ方は、革命遂行主体の組織化の問題がまったく追求されていないということを意味するのである。対象的に存在する階級的実体関係を分析し、それを革命にむかって動員し決起させるというような視点から追求されているにすぎないということである。これは、直接的にはマルクスの権力移動論のロシア的な現実へのレーニンによる適用である、と簡単に表現できるわけである。

マルクス永続革命論の二側面

ここで、先にちょっとふれたことについての補足をおこなっておく。レーニンの「ブルジョア民主主義革命からプロレタリア革命へ」というこの二段階的な形式的な本質を論じた際に、レーニンはマルクスの権力移動論を適用したのにたいして、トロツキーはむしろマルクスの永続革命論の方を適用したといわなければならない、というような形式主義的な説明をおこなっていた。が、しかしながら、マルクスにおいては永続革命論と権力移動論とは別箇のものではないわけである。権力移動が永続的に完遂されていく、つまりブルジョア権力──→小ブル権力──→プロ権力というような権力の移動を意味することと、世界恐慌を物的基礎としつつ世界戦争──→世界革命へと永続的に展開されていくというように、マルクスの場合でも永続革命ということは二つの側面からとらえられているわけである。

簡単にいうならば、各国革命をいかに遂行していくかということがいわゆる権力移動論的な角度であり、そしてまたヨコへの拡大、世界革命としての完遂もまた永続革命としてとらえられているわけである。そういう意味では、この二つのモーメントの一方、権力移動論としての永続革命論を適用しているのがレーニンであり、世界革命論としての永続革命論の側面に重点をおきつつ、この両者を統一的に適用しているのはむしろトロツキーである、というように表現した方がいいと思う。

くりかえしていうならば、マルクスの権力移動論と永続革命論とは別箇のものではない。権力移動の角度から永続革命を論じる場合と、世界革命を永続的に完遂していくという他の側面との統一において、マルクスの永続革命論は形成されているとみなければならないわけである。たとえば『ユダヤ人問題』においては、政治的解放の限界を突破して人間的解放へパーマネントに展開していくという場合には、権力移動論ではないけれども、或る一定の革命を遂行する場合の形式、内容をしめしているわけである。とにかく、いわゆる権力移動論と永続革命論とを形式的に切り離してはならない。

が、しかしながら、レーニンがマルクスの権力移動論としての永続革命論の側面を主に適用しているのにたいして、トロツキーはマルクスの永続革命論に重点をおいて、しかもその場合には国際革命としての永続革命論に重点をおいて、マルクスの革命論を適用しているというように表現してもいいと思う。そして『永続革命論』という本の第三章で展開されているマルクス権力移動論の適用限界にかんするトロツキーの批判と、そこの内部で展開されているレーニンへの批判をみるならば、トロツキーは彼の永続革命論の二側面がすでに二十六歳の時に明確にとらえられていることとの必然的な結果であるということだ。

要するに、労働者と農民との関係のとらえ方の政治力学的な傾向のゆえに、レーニンは一九〇五年の段階においては不確定戦略ともいうべき戦略を提起せざるをえなかったということである。が、しかしながら、本質的には「労農独裁をめざしてプロレタリア党はたたかわなければならない」というように言っている。これは、後進国ロシアの現状分析とツァー権力の分析の一面性に規定されたところのものであるわけだ。レーニンのかの不確定戦略、あるいは労農独裁論の問題を追求する場合には、簡単にいうならば、一方ではレーニンによるロシアの政治経済構造の分析、他方ではレーニンの一九〇五年段階での階級闘争観および前衛党論との関係において追求しなければならないということである。

さて、このレーニンの労農民主独裁論は、基本的に一九一七年の、かの「四月テーゼ」まで変らないわけであるけれども、その実質的内容は次第に変化していくことはいうまでもない。一九〇五年段階での労農独裁論が導きだされる場合のロシアの現状分析は、すでに述べたように、「両極分解」論にもとづいてたてられていた。ところが、一九〇七年から一〇年あたりにかけてレーニンは「資本主義発達の二つの道」理論を提起した。このような「二つの道」理論が提起されることによって、労農独裁を実現する主体として、労農同盟論がレーニンによって提起されるわけである。一九〇五年の段階においては、労働者と農民との利害の共通性にもとづいて全人民的な闘争がおこなわれなければならない、というように表現されていたわけであるけれども、「二つの道」理論の把握にもとづいてレーニンは、労農同盟という特殊なかたちでの統一戦線の問題を追求したわけである。このような労農同盟を主体的な基礎として労農民主独裁を実現する、というようにレーニンの労農独裁論は補強されていくわけである。この問題の追求は別の課題に属する。

補足的なことであるけれども、いま労農同盟を「統一戦線の特殊な形態」というように呼んだけれども、これは現在的にそういえるだけのことである。「統一戦線」というカテゴリーは、いうまでもなくコミンテルンの時代につくりだされたわけである。が、しかしながら、コミンテルンにおいて統一戦線戦術が提起された場合に、レーニンの労農同盟論についてはまったく言及されていないわけである。コミンテルン三回大会〔一九二一年六～七月〕のあとの十二月十八日の中央執行委員会で採択された「統一戦線にかんする文書」（ジノヴィエフ執筆）や、コミンテルン四回大会〔一九二二年十一～十二月〕の「戦術にかんするテーゼ」に入っている統一戦線論においては、労農同盟論についてはまったくふれられていないのである。これはどういう理由かよく分からない。その中間に書かれた、つまり一九二二年の二月ごろ書かれたトロツキーの「統一戦線論」〔「統一戦線について」〕という論文においても、その点は明確ではない。理論的な水準としてはトロツキーのものが一番すぐれているわけである。

が、しかしながら、とにかく現時点からするならば、レーニンのいうところの労農同盟を「統一戦線の特殊な形態」と呼ぶことは可能であるわけだ。が、しかしながら、われわれが理解しているような統一戦線ではない。つまり、プロレタリア前衛党がつくりだすものとしてとらえているのではないと思う。それと同様に、『民主主義革命における二つの戦術』という本のなかでの、「労働者と農民とのあいだの合流」とか「農民は労働者の同盟者である」というような表現がとられている場合にも、これは全人民的な闘争の担い手として労働者と農民がとらえられているだけのことであって、労働者の闘いと農民の闘いとの統一、あるいは共同行動あるいは統一行動というようなものにはなっていないのである。とにかく労働者と農民とが共にたたかう、それを「全人民的な闘争」と呼び、それをそれの外部に存在している前衛党が外から指導して革命にむけて決起させていく、というのがレーニン的なシェーマであるということだ。

これまでわれわれは、トロツキーの永続革命論との若干の比較において、『二つの戦術』という本で展開されているレーニンの労農独裁論にかんしておさえておかなければならない問題点についてふれてきた。その第一は、「ブルジョア民主主義革命から社会主義独裁へ」というようなレーニンの理解のしかたの形式主義的な本質について。第二には、ブルジョア民主主義革命あるいは労農独裁を遂行する二つの階級の関係のつかみ方にかんする問題。そして第三には、この労働者と農民の政治力学的な関係のつかみ方に規定されたレーニンの不確定戦略にかんする問題。この三者についてふれてきた。

さらにわれわれは、この三つの特徴づけを、総体的にとらえるばかりでなく、その後のレーニンの労農民主独裁論のカギ括弧づきの「深化」との関係において、追求をもおこなっていかなければならないだろう。

＜補足＞

『民主主義革命における二つの戦術』というレーニンの本においては、事柄の性質上、ロシア革命の国際的な性格そのものについての追求はほとんどなされてはいない。が、しかしながら、もちろん、ヨーロッパ革命とロシア革命との関係の問題は追求されている。だがしかし、その場合、帝国主義段階における後進国ロシアにおける革命の問題としての追求は十分になされていないということについては、すでに述べてある。ところで、この『二つの戦術』という本の付録のⅢに収められている論文をみるならば、明らかにマルクスの権力移動論としての永続革命論がレーニン式に適用されていることは明らかである。このことを裏からいうならば、マルクスの世界革命論としての永続革命論の側面についてのレーニンの追求が不明確であるということを物語るわけである。マルクスの世界革命論も理論として明確なかたちで組みたてられているとは決していいえないわけである。レーニンによって利用されているところのマルクスの革命論は、権力移動論的な側面からの永続革命論の追求でしかなかったということを明確にする必要があるように思う。

もちろん、レーニンは、資本主義が産業資本主義段階から帝国主義段階へ発展していくという事態の認識を、一九〇五年前後の段階においてはまだもっていなかった。したがって、産業資本主義段階における後進国革命にかんするマルクスの理論をいわば直接的にあてはめていくというかたちにレーニンの「二つの戦術」論はなっている、ということに注意をむける必要があるだろう。それゆえに、われわれとしては、レーニンの労農民主独裁論とマルクスの永続革命論とをたんに比較解釈するという次元にとどまってはならないのである。われわれとしては、マルクスのいわゆる永続革命論あるいは世界革命論といわれているものを現時点から再構成していく必要があるということである。

簡単にふりかえるならば、後進国ドイツ、しかも封建制から資本制への過渡期にあったドイツ絶対主義の段階においてたてられたかの革命論、『ユダヤ人問題』においては、政治的解放の限界を突破して永続的に人間的解放にまでプロレタリアはたたかわなければならないというような展開になっているところのものから、『ドイツ・イデオロギー』で展開されているところの産業資本主義段階を物質的基礎とした「「一挙に」、あるいは同時的に」遂行される世界革命論、そしてさらに一八四八、九、五〇年あたりで展開されているところの世界恐慌──→世界戦争──→世界革命というような永続的な世界革命の完遂論と、ブルジョア権力──→小ブル権力──→プロ権力といういわゆる権力移動論、このようなそれぞれの段階においてマルクスが展開しているところのものを、われわれの観点から論理的に位置づけなおす必要があるだろうと思う。

すなわち、一八五〇年前後における産業資本主義段階の世界革命論――産業資本主義段階における後進国ドイツの革命論も含んだ――、このような産業資本主義段階における世界革命論としてマルクスの革命にかんする諸見解を整理しなおすことが、まず第一になされなければならない。そしてこれにふんまえて、この産業資本主義段階という規定性を受けたマルクス的な世界革命論を世界革命の本質論として理論的に再構成する作業をおこなっていかなければならない。そのなかに後進国における永続革命論にかんするマルクスの見解、『ユダヤ人問題』や『共産党宣言』第四章などで展開されているようなものも、理論的に位置づけなおしていく必要があるわけである。

かのいわゆる権力移動論と、『ユダヤ人問題』で展開されているところの産業資本主義段階における後進国革命の本質的な性格の分析との統一において、マルクスの永続革命論の国内的側面とでもいうべき問題を追求していく。すなわち、革命遂行主体の問題から直接的に実現されるべき権力の性格を規定するのではなくして、革命遂行主体を実体として実現されるべき革命の本質的性格を規定するという方法を適用しつつ、マルクスの産業資本主義段階においてたてられた種々の世界革命の永続的完遂にかんする国内的および国際的な側面の理論展開を構成しなおすことが必要である。

まさにこのような作業をおこなわないで、かの権力移動論をロシアの現実に、しかも帝国主義的段階の認識なしに直接的にあてはめたのがレーニンである、というようにわれわれはとらえかえさなければならないわけである。このようなマルクス世界革命論、産業資本主義段階的規定性を受けたマルクスの世界革命論の本質論としての再構成をおこなう作業をつうじて、レーニンの労農独裁論の批判的検討をおこなうこともまた、追求されるべきわれわれの課題としてなお残されているわけである。

（一九六七年六月十九日）

編註

レーニン『民主主義革命における社会民主党の二つの戦術』は『二つの戦術』に、『レーニン全集』は『全集』に、それぞれ略記する。

（1）「……われわれは、民主主義革命からただちに社会主義革命に移行しはじめる、しかもまさにわれわれの力に応じて、自覚した組織されたプロレタリアートの力に応じて、移行しはじめるだろうからである。われわれは永続革命を支持する。われわれは中途で立ちどまりはしないであろう。」（「農民運動にたいする社会民主党の態度」一九〇五年九月発表、『全集』第九巻、大月書店、二四三頁）

（2）「ロシア社会民主党の農業綱領」（一九〇二年二〜三月前半執筆）、社会民主労働党第二回大会で決定された党綱領の中の「農業綱領」（一九〇三年八月）。これらが「切り取り地綱領」と呼ばれる。いずれも『全集』第六巻、大月書店。

（3）『二つの戦術』改訳版、国民文庫、第十章「備考（1）」一〇五頁

（4）「ロシアにおける現在の時機の特異性は、プロレタリアートの自覚と組織性とが不十分なために、権力をブルジョアジーにわたした革命の最初の段階から、プロレタリアートと貧農層の手中に権力をわたさなければならない革命の第二の段階への過渡ということにある。」（『全集』第二四巻、大月書店、四頁）

（5）「プロレタリアートは、……農民大衆を味方に引きつけて民主主義的変革は最後まで遂行しなければならない。……実力でブルジョアジーの抵抗を打破し、農民と小ブルジョアジーの動揺性がはたらく余地のないようにするために、半プロレタリア分子の大衆を味方に引きつけて社会主義的変革をやりとげなければならない。」（『二つの戦術』改訳版、国民文庫、第十二章、一二三頁）

（6）「ロシアで始まった革命［一九〇五年革命］のこの決定的勝利ほど、世界プロレタリアートの革命的エネルギーを高めるものはないだろうし、世界プロレタリアートの完全な勝利への道をこれほどいちじるしく縮めるものもないであろう。」（『二つの戦術』改訳版、国民文庫、第六章、六〇

頁）

（7） トロツキー「永続革命とは何か？——基本的テーゼ」『永続革命論』第十章、現代思潮社（トロツキー文庫）二六二頁。光文社（古典新訳文庫）三四九頁。

全学連新入生歓迎集会メッセージ

満場の諸君！

日本階級闘争は今や一つの転回点にたたされているといわなければならない。とりわけ一九六七年十月八日の羽田闘争を発端として、われわれは安保＝沖縄闘争を果敢にたたかいつづけてきた。既成左翼の議会主義的な闘争放棄をわれわれは弾劾しのりこえるだけでなく、同時に、かの既成左翼を弾劾しつつも「決戦主義」におちこんだ一切の反代々木諸党派の盲動主義をものりこえつつ独自の闘いをおしすすめてきた。

だが、このようなわれわれの闘いにもかかわらず、昨六九年十一月、日米共同声明が発表された。この日米共同声明は、わが日本階級闘争の一つの敗北の印としてわれわれの胸に刻みこまなければならない。

安保＝沖縄闘争を断固としてたたかったにもかかわらず、われわれはこの日米共同声明に直面させられなければならなかった。しばしばくりかえされてきたように、この日米共同声明は、いうまでもなく、わが支配階級が軍事基地・沖縄の施政権をアメリカ帝国主義から返還してもらうばかりでなく、同時に安保条約をなんら改定することなく日米のあいだの軍事同盟を再編し強化することを内外にむかって公然と公約したものにほかならない。わが支配階級は自信をもって七〇年代をのりきることを意志表示した、といわなければならない。

だが、それにもかかわらず、わが支配階級の内部にはさまざまのかたちでの新たな分解をもはらみつつあることはいうまでもない。それは、とりわけ六七年以後の反代々木行動左翼ばかりでなく、彼らの闘いを領導してきたわが革共同・革マル派を先頭とする労働戦線の深部での闘いとわが全学連の闘いにたいする彼らの対応の一つのあらわれである、ととらえかえさなければならないであろう。

それだけではない。安保＝沖縄闘争を議会主義的にたたかうことしかできなかった、つまり闘争放棄をすることしかできなかった一切の既成左翼は、わが支配階級より以上の動揺と分裂の危機にさらされていることはいうまでもない。すなわち、昨六九年十二月の総選挙の結果は、そのことを端的にしめした一つの例であるといわなければならない。

日本型社会民主主義をその柱としてきた日本社会党は、彼らの議会党にまったくふさわしくないかたちで彼らの本質を自己暴露しながら分解の危機をいま深めつつある。彼らは反戦青年委員会の闘いをも凍結し青年労働者の戦闘的で革命的な闘いにたいして妨害を加えつづけてきたのであったが、このような闘いを彼らが排除することによって同時に、日本型社会民主主義者はみずからの墓穴を掘ったといわなければならない。それだけではない。このような日本型社会民主主義の没落の裏側では、フルシチョフ議会主義路線への接近をますます深めてきた日本共産党という名のわがスターリニスト党が、社会党にかわって議会党の第三位的な地位をも占めるにいたった。日本型社会民主主義の没落は、日本のスターリニズムの直接的表現をなす代々木共産党の一定程度の伸張として結果している。

このような既成左翼は、安保＝沖縄闘争を断固としてたたかうことなく、わが支配階級にとってかわって「民主的な連合政府」を樹立すること、直接的には「安保破棄通告政府」なるものを樹立することをめざしていたのであるけれども、このような路線が実質上崩壊しさった。それだけではない。戦後二十数年、「祖国復帰」というブルジョア民族主義に癒着したかたちでの反米ナショナリズムの路線のもとに沖縄の「祖国復帰」、沖縄の施政権返還をめざしてきたことそれ自体が、沖縄の施政権返還問題のブルジョア的解決に直面させられて水泡に帰したということである。日米共同声明はサンフランシスコ条約第三条の実質的破棄を決定したものにほかならないが、このような沖縄の施政権返還問題の支配階級的な解決とほぼ同様なかたちでの「祖国復帰」路線、これにもとづいて推進されてきた既成左翼、とりわけ社会党・共産党、沖縄の地における沖縄人民党や社大党［社会大衆党］などの一切の既成左翼諸党派の路線は、完全に支配階級によって収束させられたといわなければならない。

それだけではない。このような既成左翼とまったく同様に、「祖国復帰」とか「沖縄奪還」

とかいうようなスローガンを掲げてきた反代々木行動左翼のすべては、ただしケルンパー*を除いて、昨年の、六九年の4・28闘争の前後からなしくずし的に彼らのスローガンをひきずり降ろし、なんの理論的基礎づけもなく、なんの展望もなく、彼らの沖縄闘争を武闘主義的に、あるいは山猫スト的に推進してきたにすぎなかった。今日では、わずかにやせ細ったケルンパーの連中、あるいはほら吹きの集団、クチブーチャ**の集団としてのケルンパーのみが、社・共がひきずり降ろした「祖国復帰」とか「沖縄奪還」とかのスローガンを堅持しようとしていま躍起になっている。

＊　ブクロ＝中核派をさす。ケルン（中核）がパーである意。

＊＊　沖縄の方言で「ほら吹き」の意味。『読書のしかた』（こぶし書房）七九頁を参照。

日米共同声明は、安保＝沖縄闘争にたいしてナショナリズムの観点からアプローチした既成左翼ばかりでなく反代々木の行動左翼をも死に陥れたといわなければならない。軍事基地・沖縄の解放の問題を日本国家の憲法の範囲内にもっていくというかたちで夢想していたあらゆるナショナリズムの路線、反米ナショナリズムにもとづいた代々木の路線を含めたすべての路線の崩壊を決定的に現実に明らかにしたものにほかならない。

わが革共同・革マル派のみが、六〇年安保闘争の直後から安保ブントの破産を教訓化しつつ、沖縄の地において反米民族主義の路線にもとづいたOPP＝沖縄人民党や社大党の「祖国復帰」路線にもとづいた運動をのりこえつつ果敢にたたかってきた沖縄の仲間たちの伝統を受け継ぎつつ、断固とした沖縄闘争をおしすすめてきた。代々木共産党やその沖縄における形態としての沖縄人民党の反米ナショナリズム、社会党や社大党（民社党のようなもの）につらぬかれているブルジョア・ナショナリズム、これらにもとづいた一切の「祖国復帰」路線を弾劾し、プロレタリア・インターナショナリズムにもとづいた沖縄人民解放の闘いを断固としておしすすめてきた。

この闘いに呼応しつつわが全学連は、一九六七年の4・28闘争いらい、ブルジョア・ナショナリズムや反米ナショナリズムにもとづいた既成左翼の運動、ならびにこのような運動とタイアップしながら行動左翼主義的にそれを補完してきたにすぎない反代々木諸集団の腐敗した運動を弾劾しのりこえつつたたかってきたのであった。六九年十—十一月闘争は、このような闘いの一つの集約をなすものであるといってよいであろう。*

＊「高揚した沖縄・反戦闘争と党派闘争の新たな段階」『日本の反スターリン主義運動 2』（こぶし書房）一二六〜一四一頁参照。『革マル派 五十年の軌跡』（あかね図書販売）第二巻に収録。

既成左翼とりわけ社会党・共産党は、目前に迫った衆議院選挙のために安保＝沖縄闘争、直接的には佐藤訪米阻止の闘いを完全に放棄し議会主義的なかたちに彼らの運動を横へすべらせていったのであった。そしてまた、このような既成左翼の闘いに憤激し武装蜂起的にたたかうべきと主張した一部の「決戦」主義者どもは、一握りの労働者を権力の餌食に供し、わずかばかりの軍団を権力の中に突っこませることによって崩壊したのであった。そしてまた、武装蜂起宣伝主義者集団ではないが、しかしながら運動をどのように進めるべきかということについてはまったく考慮せず、ただもっぱら六六、七年に高揚した中国文化大革命を模倣し、そしてまた六八年のフランスのいわゆる五月革命を模倣し、あらゆる職場で「山猫拠点ストライキ」を実現すべきであるなどと笛を吹いた共労党のモモンガー一派*や社青同解放派などの行動左翼諸集団もまた、なんらの闘争を組むことなく十―十一月闘争のなかに没しさったのであった。

*　共産主義労働者党のいいだもも一派をさす。木から木へとびうつるモモンガの習性になぞらえ、「もも」の名をもじって黒田が命名。

日本帝国主義の危機を空叫びし、そして七〇年代の安保＝沖縄闘争を果敢にたたかうべきだ、いや「決戦」としてたたかうべきだと主張した一切の行動左翼主義者――武装蜂起主義的な色合いをもつものであれ、そしてまた「拠点山猫スト」を労働戦線の闘いからまったくかけ離れた地点で呼号したにすぎないモモンガー一派などのすべてを含めて――、彼ら「決戦」主義者は、すべて十―十一月闘争をたたかうことをつうじて自己破産を自己暴露して完全な崩壊的危機にいま直面させられている。安保＝沖縄闘争を議会主義的に、あるいは民族主義的にしかたたかうことができなかった既成左翼にたいして、運動上でも組織上でも対決することなく、ただただ少数精鋭主義的に、行動左翼主義的にはみだすことをもって彼らののりこえと妄想していた諸集団は、夢想した「決戦」がパンクすることによって、すべて組織的な解体的危機に直面させられている。

この自己組織の崩壊的な現実を隠蔽するために、反代々木諸集団いわゆる八派連合の輩どもは、意識においてのみ急進化した市民主義者どもの残存するわずかばかりの勢力に泣きついて、彼らの崩壊的危機を食い止めようといま躍起になっているわけである。このような反代々木諸集団という腐敗した輩どもにたいして、われわれは最後の鉄槌を浴びせかけなければならない。これが、４・28闘争から六月闘争にかけての、背後で実現されるべきわれわれの闘いにほかならない。

だが、われわれは、ただたんに反代々木左翼のちっぽけな戦線に目をとどめてはならない。いま、労働戦線全体にわたって雪崩のような動きが着々と進みつつあることを、決して見落すべきではない。すでに、しばしば言われているように、わが支配階級は、七〇年代の日本経済を建設するだけでなく東南アジアにその勢力を伸ばすためには、野党といわれる一部の者を抱きこみながらのりきろうと策している。このような、いわゆるニューライトの野党の右翼的部分への働きかけを触媒としながら、社会党の分解的危機はますます深刻になっているだけでなく、それは同時に、労働戦線の右翼的な大再編成の動きとなって今あらわれている。

年中行事的に賃上げ闘争を春闘方式というかたちでくりひろげてきた総評は、すでに昔日の面影を失っている。戦闘性をすら発揮しえないようなかたちに落ちこんでいる。これは、いわゆる宝樹一派による右からの攻撃にさらされていることの端的な表現にほかならない。社会党の分解と総評の分解、労働戦線の右翼的再編成、そしていわゆる左派社会党協会派系の、向坂派系の部分の孤立化と、議会党への転落をますます濃厚にし前面にあらわしつつある代々木共産党の一定の伸張、これらにしめされるところのものはわが支配階級の政治的再編成だけでなく、いわゆる反体制側の右翼的な大再編成にほかならない。

日本階級闘争は明らかに今、ひとつの大きな転回点にたたされている。このような政治情勢のもとで、わが革命的共産主義運動はどのようなかたちで、どのような方向に推進されていかなければならないか。これが、現時点において問われるべき決定的な問題であるといわなければならない。とりわけ、六七年以後の反戦・反安保・沖縄闘争の総括をなし、そこからわれわれは教訓を導きだすかたちで、今後のわれわれの闘いを推進していくべきである。

満場の諸君！

昨六九年十—十一月闘争をつうじて教訓化されなければならない最大の事柄は何か。いうまでもなく、つねに変らぬ真理、労働者階級の外部から少数精鋭主義的な闘いを推進することをもってしては革命を決して実現できないのだ、というただ一つのことにほかならない。「武装蜂起」を呼号すれば武装蜂起が起こるであろうとか、「山猫スト」「拠点スト」という笛を吹けば労働者が躍らされるであろうとかと夢想した反代々木の腐敗した左翼どもの屍を、われわれはここでもう一度確かめる必要があるだろう。

十九世紀においてマルクスやエンゲルスが、そしてまたレーニンがたたかった極左主義的な諸傾向、ブランキー主義だとかバクーニン主義だとか、そういうような少数精鋭主義的な闘いの限界は左翼たる者にとってはまったく常識であったはずだ。にもかかわらず、六八年から六九年にかけての日本における階級闘争は、一世紀以上にわたるプロレタリア階級闘争の常識、それにつらぬかれている真理が、あたかも常識でなく真理でないかのごとき仮象がうみだされた。このような状況のもとでは、われわれが主張するプロレタリア階級闘争の常識、マルクス・レーニン主義の真理は、彼ら盲動主義者にとってはあざ笑うべきものでしかなかったに違いない。だが、真理はあくまでも真理であり、マルクス・レーニン主義の基本原則は断固としてつらぬかれていかなければならない。

わが革共同・革マル派は、あらゆる誹謗や中傷のまっただなかにおいても、断固としてマルクス主義の精髄を現時点において貫徹すべくたたかってきた。このわれわれの闘いにたいして「マルクス教条主義」だとかいうような非難が浴びせかけられたり、「第二民青だ」とか「反革命だ」とかいうまったく内実のともなわない空疎なレッテルが貼りつけられはした。だが、このようなわが革共同・革マル派にたいする誹謗・中傷は、明らかにそのような誹謗・中傷を発する輩それ自体の腐敗と彼らの没落の隠蔽策にほかならない。とはいえ、われわれは、このような反代々木諸集団、なかんずく八派連合の輩どもの本質と現状を赤裸々に暴露するためのイデオロギー闘争ばかりでなく組織的闘いをも、四、五月、六月闘争のまっただなかにおいて貫徹していかなければならない。

マルクス、レーニンの伝統を受け継ぎつつ、日本における革命を世界革命の一環として実現せんとしてたたかっているわが革共同・革マル派、それに指導されたわが全学連や反戦青年委員会の仲間たちの闘い。これを彼らは、或るときは誹謗・中傷をもって孤立化をはかり、或るときには暴力的に粉砕するような姿勢をしばしばとってきている。だが、われわれの原則的にして大衆的な運動の推進と組織的な闘いは、一歩一歩の着実な前進をとげている。このようなわが反スターリニズム運動とその闘いの一環をなしている大衆運動の着実な前進が何によってもたらされ、何によって発展させられてきたか、ということについての根本的な反省を現時点においてやることは決して無駄ではない。

七〇年安保闘争を少数精鋭主義的に、あるいは武装蜂起主義的に、あるいは山猫拠点ストライキ方式でたたかおうとした反代々木行動左翼諸党派は、六〇年安保ブントおよび全学連の闘いを超えでただろうか。決してそうではない。たしかに、闘争形態において、六〇年安保闘争の場合よりも若干左翼的な形態をうみだしたといいえないことはない。だが、これは、日本共産党が一九五一、二年に展開したあの火炎ビン闘争の二の舞以上の成果をあげることはできなかったのである。このことは明らかに、反代々木の旗を掲げた左翼スターリニストでしかなかったという彼らの本質を如実にしめすものにほかならない。ここからひきだすべき最大の教訓は、いかに闘争形態を街頭で、あるいは生産点でエスカレートし左傾化させようとも、これは革命闘争には直接つながらないということである。闘争形態の左傾化の自己目的化、それは左翼スターリン主義の延長線上にみずからを位置づけ堕落させる以外の何ものでもない。

一九五六年のかの壊滅させられたハンガリア動乱を決定的な区切りとして発足したわが反スターリン主義運動は、まさにこうした闘争形態の左翼的緻密化主義の枠を突破するかたちにおいて実現されたのであった。決定的な問題は、現代革命の主体をいかに組織化しつくりだしていくか、プロレタリア独裁権力の組織的な母胎をいかにつくりだすかという、組織論的なアプローチがアルファでありオメガであったのである。にもかかわらず、破産した安保ブントはそのような問題について一顧だにあたえなかったし、そしてまた、この第一次ブントの破産を教訓化しえずに直接的に左翼主義的な闘争形態を選び、大衆叛乱を呼びかけさえするならば革命前的情勢ばかりでなく革命情勢がつくりだされるというように妄想したのが、ケルンパーをはじめとする一切の行動左翼主義者であった。

ケルンパーの輩どもはわが反スターリン主義運動からの脱落分子である。彼らは、かつてわれわれとともにたたかってきた仲間たちであったけれども、所詮、安保ブントの破産を教訓化することができずに安保ブントにたいするインフェリオリティー・コンプレックスに駆られて、ついに武装蜂起主義にまで純化したのであった。六〇年安保闘争における第一次ブントの役割がブランキズムの再生であったとするならば、七〇年闘争におけるケルンパーの輩の役割は、代々木共産党の火炎ビン闘争の再生産いがいの何ものでもない。当然破産し崩壊すべき彼らの路線を、われわれは根本的に反スターリン主義運動との関係においてとらえかえす必要があるだろう。

われわれはつねに、われわれが実現すべき戦略、そしてまた現時点において遂行すべき組織戦術との関係において、当面の闘争課題にむけての戦術と、それを大衆運動の場で実現すべき闘争形態とを具体的に提起したたかってきた。にもかかわらず、ケルンパーのクチブーチャどもをはじめとする反代々木のすべての左翼主義集団は、ただただ既成左翼とは違ったかたちでの、毛色の違った闘いを推進しさえすれば革命を招き寄せることができる、などという主観主義に落ちこんでいるのである。最も典型的には、一九〇五年の「モスクワ武装蜂起の教訓」というレーニンの小論*に時代を超えて飛びつき、それを二十世紀後半の現代日本の社会状況のもとで実現しようと夢想した輩どもであった。今日の日本労働者階級がいかなる状況のもとにおかれているのかということについて一顧だにあたえず、ただ少数の学生軍団と学生ＯＢからなりたつ反戦青年委員会の少数の労働者たちを動員しデモをおこない、〝権力との武闘〟闘争に投入させたにすぎなかった。このような闘いは、プロレタリア階級闘争とはまったく無縁のものである。

＊「モスクワ蜂起の教訓」『レーニン全集』（大月書店）第十一巻

突出した闘いをつくりだすならば、動かぬ労働者本隊はたちあがるであろうなどというように観念的に夢想した輩は、十―十一月闘争そのものをつうじて自己の観念性を自覚させられたはずである。だが、かならずしもそうではなかった。彼らは今なお依然としてそのような自覚をもっていない。最も滑稽なのは、十月闘争の直前に大菩薩峠において一網打尽にとっ捕まった赤軍派の連中がおこなったスターリニストの国への飛びこみであった。彼らは首相官邸に飛びこむはずであったにもかかわらず、それができず、今や北朝鮮という正真正銘のスターリニストの懐に飛びこむことしかできなかったのである。帝国主義ばかりでなくスターリニズムをも根底的に覆すことをわれわれはめざしているのであるが、「赤軍」という名の左翼スターリニストどもは、滑稽なことにはスターリニストの懐に飛びこんだのであった。これを称して、或る者は「国境を越えた」などと言って美化している。

だが、革命家にとって、土着的な精神が決定的に重要である。革命は、たしかに国境を越えて地球を覆い永続的に推進されなければならない。だが、革命ではなく、革命家気どりの少数の人間がこともあろうにスターリニストの懐に飛びこむのは、誠に滑稽であるといわなければならない。しかも、さらに愚劣なのは、このような赤軍派の戦線逃亡をば美化し、「彼らのもとに続け」などというような叫びをあげているブン・ブク茶釜*の連中でありM・L**の連中だということである。革命運動とはいかなるものであるかという、発端における自覚の欠如を、一切の反代々木行動左翼諸党派の連中は自己暴露しているといわなければならないだろう。「階級決戦」主義者の自己破産を隠蔽しようとして、実は「階級決戦」主義者としてのおのれの破産を再確認したこのような「赤軍」の行為と、それに煽られたブン・ブク茶釜や日本「毛＝林」派の連中などのかかる事態そのもののなかに、彼らの死滅の端的なあらわれがあるといわなければならない。

＊　ブント（共産主義者同盟）とブクロ＝中核派の連合をさしている。
＊＊　第二次ブントの一分派で「マルクス・レーニン主義派」を自称。黒田は、毛沢東主義者群に吸収された彼らを「M（毛沢東）＝L（林彪）」派と揶揄した。

ところで他方、このような政治党派ではなくして、いわゆるノンセクト・ラディカルと呼ばれている連中もまた、十―十一月闘争をつうじて完全に破産したといわなければならない。

いわゆるフランスの五月の階級闘争の高揚に煽られ、あるいは中国文化大革命のあの激動に煽られながら、セクトから超えでることをモットーとした彼らのラディカリズムは、所詮、空無なものでしかなかった。没理論的にも「全面否定」とか「全面拒否」とかを唯一の尺度として彼らは運動を展開してきたのであるけれども、「全的否定」というその根底的な急進性にもかかわらず、その内実は空虚でしかなかった。「日常性」にたいしては「反あるいは非日常性」を対置し、「合法」にたいしては「非合法」を対置し、さらに「民主主義」にたいしては「暴力」を、「多数決」にたいしては「直接民主主義」を彼らは追求してきたわけであるが、しかし、所詮、それは何ものをももたらさなかったといってよい。というよりはむしろ、彼らの急進性に自己陶酔した結果、自己の破滅を、あるいは自己の底なる無をのぞき見ることによってニヒルになる以外の何ものをもうみださなかったといっていいであろう。

とはいえ、もちろん、われわれは、セクトを超えでたと称するラディカル主義者がブルジョア民主主義のまやかしを行動をもって暴露したというその事実それ自体を否定するわけではない。だが、「全的拒否」とか「全面否定」とかいうかたちをもってしては、ブルジョア民主主義それ自体を超えでることは決してできないのである。ブルジョア民主主義の単純否定ということより以上のものを結果することはできないだけでなく、今後の闘いの展望をさえうちだすことができないのである。たしかに、ブルジョア民主主義のまやかしを行動をつうじて暴露することをつうじて、反権力の意志をつくりだしたということは厳然たる事実である。だが、反権力の意志だけでもってブルジョア国家権力を根底から覆すことは決してできない。反権力の意志は理論的追求に媒介されることなしには決して実現できないのである。

まさに、つくりだされたこの反権力のムードや反権力の意志をば革命的なものへの意志へと転換させていくためには、どうしてもマルクス・レーニン主義との対決に媒介されなければならない。

資本主義の仕組みを明らかにしたマルクスの『資本論』が発刊されてからすでに百年以上もたっている。だが、マルクスが分析したその対象たる資本制生産様式は厳として存在し、ぶっ壊れながら腐朽しながらもなおかつ延命しつづけている。それだけではない。資本は、労働力商品としての労働者の労働を疎外されたものにするだけでなく、彼らの精神をも疎外に落ちこませているのである。職場では、労務管理というかたちで精神的にも肉体的にも労働者をがんじがらめにしている。それだけではなく、このような資本の精神的および物質的支配を、社会党やスターリニスト党が「左」から補完している。

将来、労働戦線において、あるいはブルジョア国家の官僚機構の内部で賃労働者として働かなければならないように運命づけられている諸君は、かかる現実をしっかりつかまなければならないと考える。このようなブルジョア国家権力とそれをささえている経済構造を明確にとらえることなしには、われわれの解放は決して実現されえない。いわゆる「全的拒否」とか「全面否定」とかいうような機能的な考え、エセ主体的な考えをもってしては、われわれ自身の自己解放をかちとることは決してできないのである。資本制生産様式が存続するかぎり、マルクスがうちだしたかの革命的な理論は根本的につらぬきとおされなければならない。それを主体化することなしには、われわれの根底的解放は決してありえないのである。

いわゆる行動左翼主義的に資本の鉄鎖ばかりでなく既成左翼をのりこえようとすることの観念性を、われわれは肝に銘じなければならない。どのように「教条主義」と言われようとも、資本制生産様式が存続するかぎり、その理論的解明としてのマルクス主義のイデオロギーを、同時にわれわれ自身の思想として主体化することが絶対に必要である。それなしには、われわれの現時点における闘いを一歩たりとも前進させることはできない。この厳然たるイロハ的な事柄を足蹴にすることによって、「日帝打倒・安保粉砕」をなしとげうるかのごとくに妄想するのはドン・キホーテ以外の何ものでもないのである。

ことさらに言わなくても分かりきっているこのような事柄を、くりかえさなければならないことはきわめて痛苦である。痛苦であるにもかかわらず、われわれはこのようなことを再び三たびくりかえさなければならない。これはわれわれの悲劇ではあるが、しかし日本労働者階級の闘いを深部からつくりだすためには、このようなイロハの再確認が必要なのである。われわれの運動づくりと組織づくりを「タコツボ的だ」とか称する連中は、彼らのインフェリオリティー・コンプレックスを表白している以外の何ものでもないのである。実際、一握りの労働者を権力の餌食に供することしかできない彼らとは異なり、われわれはたとえ少数であるとはいえ、二千の動力車の仲間たちのあの戦闘的なデモンストレーションをかちとることができたのは、過去十年にわたる闘いの一つの、一つの産物でしかないのである。

現代革命の主体たるプロレタリアの階級的組織化は、一朝一夕になされうるものではない。われわれの前には社民党ばかりでなくスターリニスト党が現存し、かつわれわれの断固たる組織化の闘いを切り崩そうと躍起になっている反代々木の挑発者集団も現存在しているのである。かかる時点におけるわれわれの原則的な闘いは、あらゆる場面において貫徹されなければならない。七〇年代階級闘争を切り開くということも、現時点におけるわれわれの組織活動いかんにかかっているのである。

わが反スターリン主義運動は決してバラ色の未来を描かない。われわれの敗北をかみしめ、それを教訓化するかたちにおいて、われわれの運動と組織づくりを地道に一歩一歩実現していくのである。これは、われわれの闘いにおける〈永遠の今〉的な事柄である。

満場の諸君！

七〇年代闘争の序幕を切って落とそうとする諸君の闘いは、苦難に充ち満ちている。革命は願望や夢想や妄想によって実現されるわけではない。それゆえに、われわれは、七〇年代階級闘争のあるべき姿についてことさらに論じることを避けた。われわれは、十―十一月闘争において集中的にあらわになった行動左翼主義者の最大の誤謬は何であったか、ということを再び反省すると同時に、あらゆる戦線において革命的共産主義運動の組織的な力量を積み重ねていくこと、これが決定的に重要な問題である。大衆叛乱を夢想し、それを実現するために突出した闘いを夢想している輩とは、われわれは無縁である。

場所的現在における大衆闘争の戦闘的あるいは革命的な展開と、その前提をなしそれを媒介として実現されるべきわれわれの党建設。この、しばしばくりかえしてきたわれわれの活動を推進していくことのみが、七〇年代階級闘争の主体的な力を築きあげる唯一の武器であり、そしてまた物的基礎であり、わが革命を世界革命の一環としてかちとりうる主体的根拠にほかならない。

終り。

（一九七〇年四月二十二日）

マルクス主義入門　全五巻

第一巻　哲学入門　既刊
哲学入門
マルクス主義をいかに学ぶべきか

第二巻　史的唯物論入門　既刊
史的唯物論入門
『ドイツ・イデオロギー』入門
現代における疎外とは何か

第三巻　経済学入門　既刊
経済学入門――『直接的生産過程の諸結果』
経済学入門
――『資本論以後百年』をどう読むか
エンゲルス経済学の問題点

第四巻　革命論入門　第四回配本
革命論入門
一九〇五年革命段階におけるレーニンと
トロツキー
全学連新入生歓迎集会メッセージ

第五巻　反労働者的イデオロギー批判　次回配本予定
反労働者的イデオロギー批判
小ブルジョア・ラディカリズム批判
現段階における党派的イデオロギー闘争
の核心は何か
沖縄の仲間たちへ

黒田寛一（くろだ かんいち）
1927年10月20日　埼玉県秩父町に生まれる。東京高等学校理科乙類中退。『ヘーゲルとマルクス』（1952年、理論社）を処女出版。1956年のハンガリー労働者蜂起・ソ連軍の弾圧事件と対決し、反スターリン主義運動を創造、1996年まで日本革命的共産主義者同盟全国委員会議長。2006年 6 月26日逝去。
『実践と場所』全三巻、増補新版『社会の弁証法』、『日本の反スターリン主義運動』全二巻、『変革の哲学』、『マルクス主義の形成の論理』（以上、こぶし書房）、『マルクス ルネッサンス』、『疎外論と唯物史観』（以上、あかね図書販売）など著書多数。

マルクス主義入門　第四巻
革命論入門

2019年 5 月21日　　初版第 1 刷発行

講述者　黒田寛一
編　者　黒田寛一著作編集委員会
発行所　有限会社　KK書房

〒162-0041
東京都新宿区早稲田鶴巻町525-5-101
振替　00180-7-146431
電話　03-5292-1210
FAX　03-5292-1218
URL　http://www.kk-shobo.co.jp/

定価はカバーに表示してあります。

ISBN978-4-89989-109-3
落丁本・乱丁本はおとりかえいたします。